# パウロの手紙
# 365の
# 黙想と祈り 1

篠原 明［著］

いのちのことば社

装丁　長尾　優

# はじめに

私たちは新約聖書、特に手紙（書簡）を通して、キリスト教信仰の教えと霊的な糧を得ます。それぞれの手紙の内容について、詳しく知りたい人のためには、多くの注解書があります。しかし、この小さな本を手にした人は、パウロの手紙を通して「神さまとの交わりを深めたい」「霊的な糧を得たい」と願っている人ではないでしょうか。この本はパウロの手紙の中から、ローマ人への手紙、エペソ人への手紙、ピリピ人への手紙、テモテへの手紙第一・第二、テトスへの手紙、そしてピレモンへの手紙を取り上げて、毎日少しずつ、じっくりとみことばを味わい、祈ることを目指す手引きです。

## ◎四つの心がけ

この本は特に四つの点を心がけています。聖書を読むことが、⑴「礼拝」となり（神に出会い、神を知り、神をあがめる）、⑵「祈り」となり（神が語っておられることを聞き、祈りを通して応答する）、⑶「交わり」となり（神と交わる。教えられたことを分かち合うことによって、家族や教会での交わりとなる)、(4)「成長」になる(みことばによって問われ、吟味し、教えられ、導かれる)。

## ◎四つの実践――どのように「ディボーション」の時を持つか

『パウロの手紙 365の黙想と祈り 1』の毎日分は、三つの構成(その日の聖書箇所の解説、質問、祈り)でできています。

ディボーションを持つときに、四つのことを実践してみましょう。(1)神さまがみことばを通して語りかけてくださるように**祈る**。(2)読む箇所の前後の段落を読んで、話の流れ(**文脈**)をつかむ。(3)その日の箇所を何度も繰り返し読んで、じっくり**黙想する**(思い巡らす)。(4)その日の「質問」で考えたことや読んで教えられたことを、忘れないように(整理するために)**メモ**を取る。

その日の黙想をメモに書くことが大切です。ノートやパソコン、スマホに、あるいは本の各ページの上下左右や「祈り」の後のスペースに書き込みましょう。そうすることで考えが深められます。人と分かち合うときに役立ちます。数年後に同じ箇所を読んでみると、洞察の変化、深まりに気づくでしょう(ディボーションの持ち方についての詳しいアドバイスは、拙著『マタイの福音書 365の黙想と祈り』、一四三~一四六頁をご覧ください)。

毎日一人で主の前に出て、静まり、みことばを通して主と交わることは、私たちの信仰生活の土台です。イエスさまも山に退いて、父なる神さまとの交わりを持つことを大切にしていました

（マタイ14・23）。その意味で個人のディボーションは不可欠なものであり、幸いでもあります。それに加えて、個人のディボーションで気づいたことを分かち合う仲間がいると、幸いが倍増します。お互いに励まし、励まされるからです。家庭や教会で、あるいはSNSなどを使って、ディボーションを分かち合う交わりを持つことをお勧めします。

## ◎手紙の読み方――パウロの手紙とはどのような書物か

パウロの手紙をはじめとする新約聖書の手紙は、どのような特徴を持った書物なのでしょうか。私たちが書く手紙がそうであるように、新約聖書の手紙も、もともとは世界中の人々に向けて、あらゆる時代の人々のために書かれたものではありませんでした。新約の手紙はすべて、紀元一世紀に、ある特別な状況の中で書かれたものです。

さらに、手紙はある特定の務め（仕事、目的）のために書かれたものです。たとえば、パウロの福音理解が最も詳しく書かれたローマ人への手紙は、組織神学の教科書でも神学論文でもありません。紀元五七年頃のローマの教会が置かれたある特別な状況を受けて、それに対処するためにパウロが書いたものです。

## ◎パウロの手紙を読むときに、忘れてはいけないこと

パウロの手紙には、彼自身の信仰と霊性が表れています。私たちもパウロの信仰と霊性を自分

のものにすることが不可欠です。パウロの手紙を読みながら、「パウロはキリストを熱心に求めていました」と読み取ることは大切です。しかし、それだけでは終わりません。「パウロのように、私もキリストを熱心に求めたい」というところまで行かなければなりません。ディボーションはそれを目指すものです。一年かけて（いや、一生かけて）、パウロの信仰と霊性を自分のものとする旅を続けましょう。

## ローマ人への手紙

パウロは紀元五七年頃、コリントからこの手紙を書いたと言われています。受け取ったのはローマの教会。パウロが建てた教会ではありません。ユダヤ人と異邦人がともに集っていました。福音は、ユダヤ人も異邦人も、信じるすべての人を救う神の力であることが力強く証しされています。パウロはローマを訪ね、そこからスペイン宣教に向かうことを願っていました。

### 1

**1月1日 —— 1・1**

**「キリスト・イエスのしもべ……パウロから」**

パウロは、彼が開拓したのではなく、まだ訪ねたこともないローマの教会にこの手紙を書き送りました。パウロは自分のことを、⑴「キリストのしもべ（つまり「奴隷」の意味）」、⑵「使徒として召された」、⑶「神の福音のために選び出された者として紹介しました。

あなたは⑴〜⑶の中で、特にどのことを学ぶ必要があると思いますか。

「私はキリストのしもべとして……」。あなたは「……」のところに何と書きますか。

**祈り**「主よ、私を『キリストのしもべ』として生かしてください」

### 2

**1月2日 —— 1・2**

**「聖書にあらかじめ約束されたもので」**

パウロは福音のために神によって選び出されました（1節）。この福音はパウロが考えた新しい教えでしょうか。いいえ。福音は、すでに旧約聖書の中で、神の預言者たちを通して、あらかじめ約束されていたものです。約束された福音が、ついに明らかにされたのです。

旧約の中で福音が約束されている箇所として、

どこが思い当たりますか。

**祈り**「主よ、旧約で約束されていた福音を与えてくださり、感謝します」

**3**

**1月3日**——1・3

**「御子に関するものです」**

パウロがそのために選び出された福音、旧約の預言者たちを通して神が約束した福音、それは「御子に関するもの」です。つまり、福音の中心は神の御子イエス・キリストです。御子イエスこそ福音です。御子は肉によれば、ダビデの子孫から生まれました。

「福音とは何ですか」と聞かれたら、あなたは何と答えますか。あなたの答えを考えて、書き出してみましょう。

**祈り**「御子イエスさま、あなたこそ福音です」

**4**

**1月4日**——1・4

**「力ある神の御子として公に示された方」**

福音の中心である御子は、聖なる霊によれば、すなわち聖霊のみわざを通して見るなら、死者の中からの復活により、神の御力によって、神の御子として公に示されました。この神の御子であるお方が、私たちの主イエス・キリストなのです。

ローマ人への手紙8・11を読み、御子と御霊の関係を考えてみましょう。

**祈り**「父よ、御子を死者の中から復活させた御霊の力によって、私を生かしてください」

**5**

**1月5日**——1・5

**「信仰の従順をもたらすためです」**

福音の中心は御子キリストです。それでは福音の目的とは何でしょうか。パウロはこの福音の目的のために、キリストによって「恵みと使徒の務め」を受けました。福音の目的とは、あらゆる国の人々の中に「信仰の従順」、すなわち信仰と従順を起こさせることです。

　キリストがあなたを通して「信仰の従順」に導こうとしている人は、だれでしょうか。

**祈り**「主よ、私を『信仰の従順』をもたらす器としてください」

## 6

## 1月6日――1・6

### 「あなたがたも」

　パウロは自分が福音のために召された使徒であることを語った後、この書の受取人であるローマの人々について語り始めます。パウロが神によって召された使徒であるように、ローマのクリスチャンたちもキリストのものとなるように神に召された聖徒なのです。

　あなたの知っているクリスチャン（親しい人も、疎遠な人も）について、「この人もキリストのものとなるように召された人々です」と、心の中で（あるいは声を出して）言ってみましょう。

**祈り**「主よ、○○兄弟も△△姉妹もあなたが召した聖徒たちです」

## 7

## 1月7日――1・7

### 「神に愛され、召された聖徒たちへ」

　ローマ教会のクリスチャンはみな、神に愛され、召された聖徒たちです。ローマの人々は特別だったのでしょうか。いいえ。すべてキリストにつく者は、神に愛され、召された聖徒です。パウロは彼らが御父と御子から来る恵みと平安によって生きるよう祈ります。

　あなたも神に愛され、召された聖徒であることを思い巡らしましょう。

**祈り**「父よ、私を愛し、召し、聖徒としてくださり感謝します」

## 8

### 1月8日 ―― 1・8～10

**「あなたがたのところに行けるようにと」**

パウロは一度も会ったことのないローマのクリスチャンたちのことをいつも思い、いつもローマに行って彼らに会いたいと神に祈っていました。ローマのクリスチャンに対するパウロの愛は祈りとなり、そしてこの手紙と実際の訪問となって実を結びます。

あなたの祈りが、実を結ぼうとしていることはありませんか。

**祈り**「主よ、私の祈りを導き、あなたの実を結ばせてください」

## 9

### 1月9日 ―― 1・11～12

**「ともに励ましを受けたいのです」**

「御霊の賜物」とはいろいろな種類の賜物も指しますが（Ｉコリント12章）、ここではこれからパウロが語ろうとしている「福音」のことを指しているのでしょう（1・15～17）。パウロは福音によってローマのクリスチャンとともに励まし合うことを願っていました。

あなたにとって、ともに励まし合っている人（人々）はだれですか。

**祈り**「主よ、私を『ともに励まし合う交わり』を作る者としてください」

## 10

### 1月10日 ―― 1・13～15

**「今に至るまで妨げられてきました」**

パウロは異邦人の使徒として、ギリシア人にも未開の人にもローマ人にも福音を伝えなければなりませんでした。しかし彼の祈りにもかかわらず、今なおローマ訪問は妨げられていました。おそらく彼が伝道した地域における働きが忙しかったせいでしょう（15・19）。

主のための働きなのに道が開けないことが、あなたにもありますか。
**祈り**「父よ、あなたのみこころによって道が開かれるまで待ち望む忍耐を、私に与えてください」

11
## 1月11日 ―― 1・16
**「私は福音を恥としません」**

この節と17節は、この手紙の主題です。まずパウロは「福音を恥としません」と宣言します。なぜなら、福音は信じるすべての人に「救いをもたらす神の力」だからです。神の力はこの世の権力と違い、神の怒りとさばきから救い、いのちと栄光を与えます（8・30）。

あなたは福音を恥と思うときがありますか。それはどういうときですか。
**祈り**「主よ、私は神の力である福音を恥としません。誇ります」

12
## 1月12日 ―― 1・17
**「神の義」**

福音のうちには「神の義」が啓示されています。「神の義」とは、「神が罪人を義とする行為」、すなわち「キリストを信じた罪人を、神が義と認める神のわざ」です。神の義は罪人を「神との正しい関係」に導き入れます。信仰を呼び覚まし完成させます。まさに、「義人は信仰によって生きる」のです。

「義人は信仰によって生きる」という歩みを、日常生活の中でどう実行できるでしょうか。
**祈り**「父よ、『義人は信仰によって生きる』というみことばどおりに、私を生かしてください」

13
## 1月13日 ―― 1・18～20
**「神の怒り」**

福音に啓示された「神の義」とは対照的に、真理を阻む人々の不敬虔と不義に対して、「神の怒り」が天から啓示されています。愛の神が怒ることなどあるのでしょうか。神は、神を神とせず、ご自分の真理にそむき、ご自分のみわざを破壊する罪と悪に対して怒るお方です。

「神の怒りも神の恵みの現れである」。この意見に賛成しますか。

**祈り**「神よ、あなたの怒りに現れた恵みを教えてください」

## 14

**1月14日** ―― 1・21〜23

**「彼らは神を知っていながら」**

神は被造物を通してご自分のご性質を現しました（19〜20節）。しかし人々は、神を神としてあがめず、感謝もしませんでした。その結果は、(1)思いがむなしくなる、(2)鈍い心が暗くなる、(3)知者であると主張しながら愚かになる、(4)偶像礼拝に走ることでした。

これらの不義の中で、あなたはどれに陥りやすいですか（陥っていましたか）。

**祈り**「主よ、私の鈍い心に光を当て、私を『神を神としてあがめる者』としてください」

## 15

**1月15日** ―― 1・24〜25

**「神は、彼らをその心の欲望のままに汚れに引き渡されました」**

神を神としてあがめない者たちに対する神のさばきは、「彼らをその心の欲望のままに汚れに引き渡す」ことでした。罪から罪へと進むのです。自分の心の欲望のままに生きることは、人間的に見れば自由な生き方です。ところが聖書によると、罪の悪循環です。

あなたは抜け出せないでいる「罪の悪循環」がありませんか。主はそのことについて、何とお語りになっているでしょうか（11・32参照）。

**祈り**「主よ、御霊の助けによって、私を『罪の悪循環』から解放してください」

## 16

**1月16日 ―― 1・26〜27**

**「自然な関係」「自然に反するもの」**

このような箇所を読むと、私たちが聖書を読む姿勢と、霊的な識別力が問われます。パウロは当時のギリシア・ローマの世界に見られた同性同士の性的関係について語っています。これは、今日議論になっている性的指向の問題に通じるものです。私たちは常に、聖書が語ることが、今日の私たちの生き方や問題とどのようにつながっているのかを、真剣に考えなければなりません。

この箇所を読んで、感情的に反発する思いがありますか。その反発はどこから来るのでしょうか。

**祈り**「主よ、みことばを読んで反発を感じる私の心を、愛の御手で取り扱ってください」

## 17

**1月17日 ―― 1・28〜32**

**「神を知ることに価値を認めなかったので」**

18節からパウロは、すべての人の罪について語ってきました。ここでもう一度「罪の悪循環」を説明します。「神を知ろうとしない」→「無価値な思い」→「してはならないことを行う」。つまり、「神を拒絶する思い」が「罪の思い」になり、「罪の行い」となります。

29〜31節の罪の中で、あなたが（無意識のうちに）同意しているものがないか（32節）、祈りつつ探ってみましょう。

**祈り**「神よ　私を探り　私の心を知ってください」（詩篇139・23）

## 18

**1月18日 ―― 2・1〜2**

**「すべて他人をさばく者よ」**

1章後半でパウロは人々の罪を暴いてきました。

それらの罪を見て、「彼らは罪深い。でも私はあのような罪は犯していない」と言う人々に対して、パウロは「他人をさばくあなたがたは、自分自身にさばきを下しているのだ」と指摘します。同じ罪を行っているからです。

あなたはだれかをさばいていますか。その人と同じことをしていませんか。

**祈り**「主よ、私を、さばく者ではなく祝福する者としてください」

**19**

**1月19日 ―― 2・3〜4**

**「神のいつくしみ深さ」**

いつくしみと忍耐の神は、罪人が悔い改めるのを待っておられます。神は罪人を無理やり悔い改めさせようとしません。悔い改めとは、神の前で罪を認めて、心と行いが変えられることです。もし私たちが罪を悔い改めないなら、神のいつくしみと忍耐と寛容を軽んじているのです。

神のいつくしみ深さがあなたを悔い改めに導こうとしていることがないでしょうか。祈りのうちに主に探っていただきましょう。

**祈り**「神よ、あなたのいつくしみによって私の心を導いてください」

**20**

**1月20日 ―― 2・5〜8**

**「頑なで悔い改める心がないために」**

要点二つ。頑なで悔い改める心がないこと（5節）は異邦人だけの特徴ではなく、神を知っているのに従わないイスラエルや律法学者たちの態度でもあることです。そして、行いの大切さです。神は私たち一人ひとりの「行いに応じて」報いるお方です（6節）。

クリスチャンで頑なな人は、どうしたらいいのでしょうか。

**祈り**「神の慈愛によって、私の頑なな心に悔い改めを教えてください」

## 21

**1月21日**

**「神にはえこひいきがないからです」　　2・9～11**

悪を行う者には「苦難と苦悩」が、善を行う者には「栄光と誉れと平和」が与えられます。そこにはユダヤ人とギリシア人の区別はありません。なぜなら、神には「えこひいき」がないからです。えこひいきとは、「物事の表面や人が付けるお面だけを見る」という意味です。

神にはえこひいきがないのに、どうしてクリスチャンには時々えこひいきがあるのでしょうか。

**祈り**「主よ、私は人をえこひいきする者です。えこひいきする思いから解放してください」

## 22

**1月22日**

**「律法を行う者が義と認められる」　　2・12～13**

パウロは律法を行うことに話を進めます。ユダヤ人は律法を持っていることを誇りとしていました（2・17～23）。しかし、神の前に正しいのは、律法を持っている者や律法を聞く者ではなく、律法を行う者です。律法を行わない者には神のさばきがあるのです。

クリスチャンも律法を行わなければならないのでしょうか。

**祈り**「主よ、私を『みことばを行う人』としてください」（ヤコブ1・22参照）。

## 23

**1月23日**

**「律法を持たない異邦人」　　2・14～16**

すべての人間は自然の律法を持っていて、生まれながら善悪の感覚がある、という考え方が古代ギリシアにありました。パウロはこの考え方を使って、モーセの律法を持たない異邦人でも善悪を知っていて、その行いに応じて神のさばきを受けるのだと語りました。

日本人の心にも「律法の命じる行い」が書かれ

ているとと思いますか。

**祈り**「神よ、一人でも多くの日本人が、自然の律法ではなく、キリストの福音によって生きる者となるように、私を用いてください」

**24**

**1月24日** ―― 2・17～20

**「律法を頼みとし」**

パウロは、神から律法を与えられたユダヤ人の特権と誇りを語ります。しかし、神から律法を与えられたということは、それに従って生きるという大きな責任を与えられたのであって、誇り高ぶる権利が与えられたのではありません。彼らはこの点で失敗しました。

それでは福音を与えられたクリスチャンには、どういう責任があるのでしょうか。

**祈り**「イエスさま、私をあなたの福音に生きる者としてください」

**25**

**1月25日** ―― 2・21～24

**「自分自身を教えないのですか」**

パウロは、ユダヤ人の誇りの背後にある偽善を暴きます。彼らは人に律法を教えながら、自分自身が律法から学ばず、律法を行っていませんでした。つまり人を欺き、自分を欺き、神を欺いていたのです。律法を与えられたユダヤ人の偽善は、神の名を汚すものです。

「あなたがたのゆえに、神の御名は異邦人の間で汚されている」。このことばを通して、主はあなたに何を語っているでしょうか。

**祈り**「父よ、偽善と自分を欺く罪から、私を守ってください」

**26**

**1月26日** ―― 2・25～27

**「あなたの割礼は無割礼になったのです」**

割礼とは、ユダヤ人の父祖であるアブラハムが神と結んだ契約の「しるし」です（創世17・11）。契約のしるしである割礼を受けた者は、神のみこころの現れである律法に忠実に生きなければなりません。もし律法に背くなら、割礼を受けた意味がなくなります。

　あなたにとって、バプテスマを受けたことの意味は何ですか。

**祈り**「主よ、私をバプテスマを受けた者として生かしてください」

## 27

**1月27日——2・28〜29**

**「心の割礼」**

　真実な信仰は、外見のものではなく「心」のものです。外見だけの信仰は偽善です。聖書の文字（字面）だけを守って心が変えられない信仰は、「外見上のからだの割礼」と同じです。「心の割礼」とは、御霊の働きによるものです。心からの悔い改め、神のことばを喜ぶ思い、新生した者としての歩みを伴うものです。

　私たちクリスチャンにとって、「心の割礼」とは何のことでしょうか。

**祈り**「心の底より、聖くなしたまえ、我が主よ」（『聖歌』四三三番）

## 28

**1月28日——3・1〜2**

**「神のことばを委ねられました」**

　それではユダヤ人のすぐれている点は何でしょうか。最大の点は、「神のことばを委ねられ」たことです。「神のことば」とは、神が語ったことばのことで、モーセや預言者を通して啓示されました。神のことばを委ねられた者は、そのことばに忠実に歩み、しかもそれを宣べ伝えなければなりません（イザヤ49・6）。

　私たちも神のことばを委ねられています。何のためでしょうか。

**祈り**「主よ、私を地の果てまで主のことばをもたらす者としてください」

## 29 1月29日 ―― 3・3〜4

**「その不真実は神の真実を無にするのでしょうか」**

ここでユダヤ人の不真実と神の真実が対比されています。ユダヤ人が神から委ねられた律法に不忠実だったら、律法を委ねた神ご自身も不真実な方になってしまうのでしょうか。いいえ。神の真実は人間の失敗によって変わることはありません。人間の偽りは神の真実を無にすることはありません。このことを心に刻みましょう。

「神の真実」は、あなたにとってどのような励ましとなりますか。

**祈り**「主よ、『あなたの真実は偉大です』。アーメン」（哀歌3・23参照）

## 30 1月30日 ―― 3・5〜6

**「御怒りを下す神は不義なのでしょうか」**

5節は「人間の不義のおかげで神は義を現しているのだ。それなら神はなぜ不義を怒るのか」と言い換えられます。この発想の問題点は、神がどのような方であるかを人間が決めようとして、罪を怒る神に対して人間のほうが怒っている点にあります。義なる神は不義をさばく方です。不義をさばかない神こそ、不義を行っているのです。

「神は不正（不義・不公平）だ」と思ったことがありますか。

**祈り**「父よ、あなたの義こそ、私たちを罪から救う愛です」

## 31 1月31日 ―― 3・7〜8

**「善をもたらすために悪を行おう」**

ここで言っていることは結局、「神の栄光のために罪を犯そう」ということになります。そう聞くと私たちは「こんな考え方はありえない」、「私はそんなこと考えたこともない」とすぐ答えます。しかし、もし私たちが「罪を犯しても、赦されるから大丈夫だ」と心の中で思って自分を欺いているとしたら、同じことをしているのです。

あなたの心やあなたの周囲に、罪を大目に見る雰囲気はありませんか。もしあるとしたら、主はそれをどう思っているでしょうか。

**祈り**「私たちの弱さを知る主よ、私の思いを清めてください」

## 32

### 2月1日 ―― 3・9～12

「すべての人が罪の下にある」

ユダヤ人は律法を委ねられているという点ではすぐれていますが（3・2）、ユダヤ人もギリシア人も、「すべての人が罪の下にある」のです。罪とは、ひとつひとつの悪い行い以上に、神の前ですべての人間と被造物に及ぶ堕落のことです。義人はだれ一人いません。

罪に関する10～12節のことばを読んで、そのとおりだと思うものがありますか。

**祈り**「主よ、私も罪の下にあります。あなたの救いが必要です」

## 33

### 2月2日 ―― 3・13～14

「彼らの喉は開いた墓」

ここに書かれていることは、すべて私たちが話すことばによる罪であり、詩篇からの引用です（5・9、140・3、10・7）。私たちはみな、話すことばによって失敗をし、人を傷つけ、罪を犯します。

ヤコブの手紙3章2～12節を読みましょう。あなたが今学ぶ必要のあることは何ですか。

**祈り**「私の口のことばと　私の心の思いとが御前に受け入れられますように」（詩篇19・14）

## 34

### 2月3日 ―― 3・15～17

「彼らは平和の道を知らない」

これはイザヤ書59章7～8節からの引用です。この箇所はイスラエルの罪を指摘しています。彼らの不義は流血、破壊、悲惨として現れます。これはイスラエルだけの罪ではありません。すべての人が罪の下にあります（3・9）。罪にとどまる者に、平和は来ません。

確かにすべての人は罪の下にあります。しかし、私たちは流血、破壊、悲惨を引き起こすほどの罪は犯さないのではないでしょうか。

**祈り**「主よ、私を、神との平和を持つ者として、平和をつくり出す者としてください」

35

## 2月4日 ―― 3・18

**「神に対する恐れ」**

「神を恐れること」こそ、知恵と知識の初めです（箴言1・7、9・10）。神を恐れるとは、「神の聖さに触れて、神の御前に静まること」です。「やめよ。知れ。わたしこそ神」（詩篇46・10）とあるとおり、私たちが神の聖なる臨在の前で、自己主張をやめ、神を神とすることとです。神を恐れない者は、結局、神を侮っているのです。

「神の聖さに触れて、神の御前に静まる」ために、あなたがすべきことは何ですか。

**祈り**「主よ、私を、あなたの聖さに触れ、御前に静まり、神を神とする者としてください」

36

## 2月5日 ―― 3・19～20

**「罪の意識」**

律法は何が神のみこころなのか、何が神の御前で善であり悪なのかを教えます。ところが、律法を行うことによって神の前に義と認められる者はいません。律法の要求を完全に行える人は、一人もいないからです。律法は私たちに「罪の意識」を与えるのです。

あなたは今、どんな「罪の意識」を持っていますか。

**祈り**「主よ、罪の増し加わるところに、恵みも満ちあふれます」（5・20参照）

37

## 2月6日 ―― 3・21～22

**「信じるすべての人に与えられる神の義です」**

福音は救いをもたらす神の力です。福音のうちに神の義が啓示されています（1・16～17）。この神の義は、福音の中心である神の御子キリストによって明らかにされました。人が義と認められるのは、律法の行いによるのではなく、キリストを信じることによるのです。

神の義は「神との正しい関係」という意味もあります。あなたと神との関係を損なっているものはありませんか。

**祈り**「主よ、あなたを信じます。あなたとの深い交わりの中を歩ませてください」

**38**

**2月7日 ―― 3・23～24**

「**価なしに義と認められるからです**」

すべての人は、アダムの罪のゆえに、創造されたときの栄光（栄誉）を失ってしまいました。それゆえ、私たちが義と認められるのは、自分自身の内から出ることでも行いによることでもありません。私たちの外から、つまり⑴神の恵みにより、⑵キリストによる贖いを通して、⑶価なしに、神が義と認めてくださるのです。

贖いとは「代価を払うことによる解放」という意味です。キリストが私たちの贖いの代価となってくださった恵みを黙想しましょう。

**祈り**「キリストは私たちの義、聖め、贖いです」

（Ⅰコリント１・30参照）

**39**

**2月8日 ―― 3・25～26**

「**今のこの時に、ご自身の義を明らかにされたのです**」

キリストの血が私たちの罪のための「宥めのささげ物」であるということは、キリストが私たちのすべての罪を身代わりに受けて罰せられたということです。このようにして父なる神はご自分の義を現しました。すなわち、⑴神はご自分が義であり、⑵キリストを信じる者を義と認めるためです。神のなさるわざは、神のご性質を現します。

あなたの周りに、キリストを信じて義と認められる（神との正しい関係に回復される）ために、あなたが何かできる人はいませんか。
**祈り**「主よ、あなたの義が現されるために、私を用いてください」

**40**

**2月9日** ―― 3・27～28

「**誇り**」

それでは、私たちの「誇り」（あるいは「自慢」）はどこにあるのでしょうか。それは信仰の律法（原理・法則）によって取り除かれました。神の御前に義と認められるのは、律法の行いによらず信仰による以上、私たちはもはや自分自身を誇る者ではありません。

それではクリスチャンにとってふさわしい誇りとは何でしょうか。
**祈り**「私はキリストの十字架を誇ります」（ガラテヤ6・14参照）

**41**

**2月10日** ―― 3・29～31

「**神はユダヤ人だけの神でしょうか**」

「主はユダヤ人の神であって、異邦人の神ではない」という確信が、ユダヤ人にとっての誇りでした。しかし、神が唯一ならば、異邦人にとっても神です。神が唯一であると信じる者の生き方は、唯一の神を信じている自分を誇ることではなく、ユダヤ人も異邦人もともに信仰によって救ってくださる神を愛し、感謝する歩みです。

それでは、神はクリスチャンだけの神でしょうか。
**祈り**「唯一の神よ、私の心を自分ではなく、あなたに集中します」

**42**

**2月11日** ―― 4・1～3

「**アブラハムは神を信じた**」

4章は信仰の父アブラハムを用いて、信仰による義を説明します。「アブラハムは神を信じた」(創世15・6参照)。その信仰を神は義と認めました。信仰とは、律法の行いでも働きでもありません。信仰とは、神を全面的に信頼することです。信仰とは、自分の弱さと難しい状況の中で神の約束を堅く信じ、神を神とすることです。

アブラハムを参考にすると、あなたの信仰は何が欠けていますか。

**祈り**「御父よ、アブラハムの信仰を、私にもお与えください」

## 43

**2月12日——4・4〜5**

**「働きがない人であっても」**

働きのある者に報酬が支払われるのは当然のことです。しかし、神の恵みは、何の働きもない者を信仰によって義と認めるのです。恵みの神は、私たちの行いに基づいて私たちを受け入れるのではありません。私たちの信仰に基づいて、不敬虔な私たちを受け入れてくださるのです。

働きがない者を義と認めてくださる神の恵みを、思い巡らしてみましょう。

**祈り**「主よ、あなたは私の行いではなく信仰を見るお方です」

## 44

**2月13日——4・6〜8**

**「幸いなことよ、主が罪をお認めにならない人」**

ダビデ王も、行いと関わりなく義と認められることは幸いであると言っています。主が咎をお認めにならない人は幸いです(詩篇32・2)。私たちにとって幸いなことは、行いによる義を求めることではなく、神の恵みによって罪を赦されることです。

詩篇32篇を読みましょう。特に心に留まったことは何ですか。

**祈り**「主の赦しに限りはありません。私を、無限の赦しの中を生きる者としてください」

45

**2月14日** ―――― 4・9～12

**「信仰によって義と認められたことの証印」**

それでは、罪を赦されることの幸いは割礼のある者、つまりユダヤ人だけに与えられるのでしょうか。当時のラビたちはそう教えました。しかし、アブラハムが義と認められたのは、割礼を受けていないときです。割礼は、信仰によって義と認められたことの「証印」として与えられた、神の恵みのしるしです。

あなたにとって「神の恵みのしるし」とは何ですか。

**祈り**「御父よ、『義と認められたことの証印』を私に教えてください」

46

**2月15日** ―――― 4・13～15

**「信仰は空しくなり」**

神がアブラハムに対して世界の相続人となるという約束を与えたのは、律法によってではなく、信仰による義によりました。律法によって祝福が律法によって与えられるとしたら、祝福を与える神よりも、律法の行いのほうに私たちの関心が向いてしまいます。信仰は空しくなります。

あなたの周りに、信仰が空しくなるようなことがありませんか。

**祈り**「信仰が空しくならないために、私は主に心を向けます」

47

**2月16日** ―――― 4・16～17

**「わたしはあなたを多くの国民の父とした」**

アブラハムは彼の信仰の足跡にしたがって歩む者の父です（4・12）。「アブラハムは、私たちすべての者の父です」とあるとおりです。ここで注意しなければならないことは、アブラハムを多くの国民の父としたのは、天の父なる神さまだということです。

あなたにとって、「信仰の父」とはだれですか。それはなぜですか。

**祈り**「主よ、私の信仰の成長のためにあなたが備えてくださった方々を、感謝します。ほかの人の成長のために私をお用いください」

**48**

**2月17日** ―― 4・18〜19

**「彼は望み得ない時に望みを抱いて信じ」**

アブラハムもサラも老齢で、だれの目から見ても絶望的な状況でした。しかしアブラハムは、この絶望的な状況の中でも望み（希望）を抱いて神を信じました。彼が年を取り人間的に弱くなればなるほど、神は約束したことを必ず実行する力があるという確信が強くなりました。

アブラハムの信仰は、私たちとは違って特別なのでしょうか。彼はなぜ、「望み得ない時に望みを抱いて」信じられたのでしょうか。

**祈り**「主よ、望み得ない時に、望みを抱く信仰を私にも与えてください」

**49**

**2月18日** ―― 4・20〜22

**「神には約束したことを実行する力がある」**

信仰とは、どのような状況の中でも神を信頼することです。あらゆる状況が神の約束に反するように見える中で、神を信じることです。「こんな状況なら不信仰になっても仕方がない」というときに、「神には約束したことを実行する力がある」と確信することです。絶望的な状況の中で神の約束を信じることで、神に栄光が帰されます。

絶望的な状況の中で神の約束を信じるための「秘訣」は、何でしょうか。

**祈り**「神のみこころを行って、約束のものを手に入れるために必要なのは、忍耐です。主よ、私に忍耐を与えてください」（ヘブル10・36参照）

## 50
## 2月19日 ―― 4・23～25

「私たちのためでもあります」

アブラハムの信仰が義と認められたことは、彼だけのためでなく、私たちのためでもありました。すなわち、死んだも同然のからだであるアブラハムは、神の約束を信じることによって義と認められました（4・19～22）。同様に、罪の中で死んでいた私たちも、キリストの十字架の死と復活を信じることにより、義と認められるのです。

私たちがキリストを信じることも、自分のためだけではなく、だれかほかの人のためになっているでしょうか。

**祈り**「主よ、私を自分だけのためでなく、他者のために生かしてください」

## 51
## 2月20日 ―― 5・1～2

「神との平和」

義と認められるとは、「神との正しい関係」に入れられることです。キリストを信じる信仰によって義と認められた者は、神の怒りの下にはいません。「神との平和」を持っているのです。神との平和とは、神と私たちの間に障害となるものが何もないということです。私たちは御父のもとに帰り、自由と希望を与えられた神の子どもです。

私たちはキリストにあって「神との平和」を持っています。この霊的現実を思い巡らしてみましょう。どんなことに気づきましたか。

**祈り**「父よ、『神との平和』を持つ者としてくださり感謝します」

**52**

**2月21日**――5・3～4

**「苦難さえも喜んでいます」**

私たちは信仰者として歩むとき、苦しみに会います。パウロもキリストもそうでした。苦しみ自体は喜ばしいものではありません。苦しみによって、私たちは神につぶやき、不信仰に陥ることもあります。しかし神の御手にあって、苦しみも信仰の成長のために用いられます。神の恵みによって、苦しみは忍耐、品性、希望を生み出します。

忍耐、品性、希望を生むために神が用いようとしていること（苦しみを含めて）がないか、考えてみましょう。

**祈り**「主よ、苦しみの中でも忍耐、品性、希望をお与えください」

**53**

**2月22日**――5・5

**「神の愛が私たちの心に注がれているからです」**

苦難を通して生み出された私たちの希望は、決して失望に終わることがありません。なぜでしょうか。私たちの心に神の愛が豊かに注がれているからです。神の愛は、私たちの救いの証印として与えられている聖霊（エペソ1・13～14）によって、注がれます。

あなたはこのみことば（5・5）を読んで、アーメンと言えますか。

**祈り**「アーメン、主よ。私たちに与えられた聖霊によって、あなたの愛が私たちの心に注がれています。感謝します」

**54**

**2月23日**――5・6～8

**「ご自分の愛を明らかにしておられます」**

キリストが罪人のために死んでくださったとい

うことは、神が罪人を愛しておられるということです。神が罪人を愛しておられるということは、罪人を義と認めるということです。したがって、私たちが罪人であるということは、私たちは神の愛の対象だということです。これが福音です。福音のうちに神の義と愛と恵みがあります。

「神は私たちに対するご自分の愛を明らかにしておられます」ということばを思い巡らし、味わいましょう。何を教えられますか。

**祈り**「神が明らかにした愛を、私によくわからせてください」

## 55

**2月24日 ―――― 5・9〜11**

**「和解」**

キリストの血によって義と認められたということは、神と「和解」したのです。和解とは、神が罪人をご自身との正しい関係に入れることです。義と認めた罪人をキリストの復活のいのちにあずかる者とする神のわざです。神と和解した者は、神に代わって、神との和解を他の人々に宣べ伝える和解の使節となるのです（Ⅱコリント5・20）。あなたも神の和解の使節です。あなたが和解する相手はだれですか。

**祈り**「神よ、私をあなたの和解の使節として歩ませてください」

## 56

**2月25日 ―――― 5・12〜14**

**「ちょうど一人の人によって罪が世界に入り」**

パウロはアダムとキリストを対比することによって、人類の罪と神の恵みの関係を明らかにします。一人の人アダムの違反によって罪が世界に入り、死がすべての人に広がりました。「……と、神は本当に言われたのですか」（創世3・1）という蛇のことばのように、神のことばを疑い、その権威に従わないことが、罪の初めでした。「神のことばを疑い、その権威に従わない」という罪の根があなたの心にないか、祈りのうちに探ってみましょう。
**祈り**「主よ、私はあなたのみことばを心に蓄えます。あなたの前に罪ある者とならないために」（詩篇119・11参照）

57

**2月26日**　――　5・15〜17

「**神の恵み……は、……満ちあふれるのです**」


アダムの違反とキリストの恵みには、大きな違いがあります。一人の人イエス・キリストの恵みによる賜物は、多くの人々に満ちあふれます。キリストご自身が恵みとまことに満ち満ちておられる方です（ヨハネ1・14）。ですから神の恵みは、受ける者を満たして余りあるのです。

キリストの満ちあふれる恵みを、いくつか挙げてみましょう。

**祈り**「ああ恵み！　はかり知れぬ恵み　ああ恵み！　われにさえおよべり」（『聖歌』五九三番）

58

**2月27日**　――　5・18〜19

「**一人の従順によって**」


アダムとキリストとの対比がここで結論に至ります。一人の人キリストの「従順」によって、多くの人が義と認められ、いのちを与えられます。これは私たちが自分の従順さによって神から勝ち取るものではありません。キリストの従順によって恵みの賜物として与えられるものです。

マタイの福音書26章36〜46節を読んで、イエスさまの従順について思い巡らしてみましょう。どんなことが心に残りましたか。

**祈り**「主よ、十字架の死にまで従ったあなたの従順を感謝します」

59

**2月28日**　――　5・20〜21

「**罪の増すところには恩恵《めぐみ》も彌《いや》増せり**」（文語訳）

「罪の増し加わるところに、恵みも満ちあふれました」。これは、罪の力に対する神の恵みの勝利宣言です。「なんで私はあんな罪を犯してしまったのだろう」と私たちの心が責められるとき、キリストは「あなたはわたしの恵みのうちにいる。あなたを罪に定める者はだれもいない」と優しく語りかけてくださるのです。

　どんなときに「主の恵みは私に満ちあふれている」と実感しますか。

**祈り**「イエスさま、あなたの恵みは私に満ちあふれています」

## 59'

**2月29日**　――　5・20～21

**「恵みもまた義によって支配して」**

　罪は死によってすべての人を支配しました。しかし恵みは罪に対して勝利しました。神の恵みは義によって支配します。すなわち、神の恵みは、私たちの主イエス・キリストによって私たちを支配し、私たちに永遠のいのちを与えるのです。

「永遠のいのち」について、どんなみことばを思い出しますか。

**祈り**「主よ、私をあなたの恵みの支配のうちに生かしてください」

60

**3月1日 ―― 6・1〜2**

**「罪に対して死んだ私たちが、どうして」**

6章でパウロは「聖め（聖化）」へと話を進めます。義と認められた者を、神は聖化へと進ませるからです。私たちは「恵みが増し加わるために、罪の中にとどまろう」などと決して考えてはいけません。キリストが私たちの罪のために死んでくださったということは、私たちも罪に対して死んだのです（Ⅱコリント5・14）。

あなたは一番最近でいつ「神の恵みがあるから罪を犯しても大丈夫だ」と思いましたか。

**祈り**「主よ、罪に対して死んだ者として、私を生かしてください」

61

**3月2日 ―― 6・3**

**「キリスト・イエスにつくバプテスマ」**

クリスチャンが罪に対して死んだ者であるということを、パウロはバプテスマから説明します。バプテスマとは何でしょう。第一に、それは「キリストにつくバプテスマ」です。信仰によってキリストと一つにされたことを表します。第二に、キリストの「死にあずかるバプテスマ」です。キリストとともに死んだということです。

「私はキリストと一つにされた者である」という霊的現実を、思い巡らしてみましょう。どんなことに気づきましたか。

**祈り**「主よ、私はあなたのものです。私とあなたは一つです」

62

**3月3日 ―― 6・4〜5**

**「キリストとともに葬られたのです」**

クリスチャンとして生きるということは、キリストの死にあずかる者となるということです。キリストを信じてバプテスマを受けた者は、キリストと一つにされ、キリストとともに死に、キリストとともに葬られたのです。「キリストの死と同じようになって」いる者だけが、「キリストの復活とも同じようになる」のです。必ず。

あなたにとって「キリストとともに葬られる」とはどういうことですか。

**祈り**「主と一つにされた者として、私を生かしてください」

**63**

**3月4日** ―― 6・6〜7

**「キリストとともに十字架につけられたのは」**


私たちの「古い人」、すなわちキリストを信じる前の古い自分は、「キリストとともに十字架につけられました」（ガラテヤ2・19）。つまりキリストの十字架の死と一つになって、死んでしまったのです。それは私たちがもはや「罪の奴隷」でなくなるためです。

「キリストとともに十字架につけられた」ことを黙想しましょう。

**祈り**「神よ、私はキリストとともに十字架につけられました」

**64**

**3月5日** ―― 6・8〜9

**「キリストとともに生きることにもなる」**


さらにパウロは、キリストの死と私たちとの関係について語ります。私たちはキリストとともに十字架につけられ、キリストとともに死んだのだから、キリストとともによみがえって、生きることにもなるのです。「生きることにもなる」とは曖昧な推測ではなく、確かな希望です。

どうしたら「キリストとともに死んだのだから、キリストとともに生きる」という生き方を、身をもって実践できるのでしょうか。

**祈り**「主よ、私は『何とかして死者の中からの復活に達したいのです』」（ピリピ3・11参照）

## 65 3月6日 ―― 6・10〜11

**「同じように、あなたがたも」**

私たちがキリストを信じてバプテスマを受けたことによって、キリストの経験したことが私たちの経験になります。十字架と復活により、キリストは罪に対して死に、神に対して生きておられます。同様に私たちも、罪に対しては死んだ者であり、神に対してはキリストにあって生きている者です。これが私たちの自己理解でなければなりません。

あなたの今の自己理解を、「私は○○です」と書いてみましょう。

**祈り**「神よ、私は罪に対して死に、あなたに対して生きる者です」

## 66 3月7日 ―― 6・12〜14

**「あなたがたの手足を義の道具として神に献げなさい」**

パウロは「いったいあなたがたはだれの支配下にいるのか」と問いただします。その上で罪の支配下ではなく、神の支配下にあるのだと語ります。だからこそ、「あなたがたはもはや自分を罪に献げ続けてはいけない。そうではなく自分自身をきっぱりと神に献げきってしまいなさい」と勧めているのです。

今、「私を神に献げます」と祈れますか。それはなぜですか。

**祈り**「主よ、私が罪の支配下でなく、恵みの下にいることを感謝します」

67

**3月8日** ―― 6・15～16

**「服従する相手の奴隷となるのです」**

私たちは「恵みの下にあるのだから、罪を犯そう」と考えることは、明らかな間違いです。恵みの下にいるとは、自由に罪を犯していいということではなく、神に服従して生きることなのです。私たちは二人の主人に仕えることはできません。罪を犯し続ける者は、罪の奴隷です。恵みの下にいる者は、神に対して従順な奴隷なのです。

あなたが「神に従順な奴隷」として生きるのを妨げているものは、何ですか。

**祈り**「神よ、私をあなたに忠実な奴隷として生かしてください」

68

**3月9日** ―― 6・17～18

**「伝えられた教えの基準に心から服従し」**

私たちを罪から解放し「義の奴隷」とする神の恵みは、私たちが「伝えられた教えの基準」に「心から服従」することによって与えられました。私たちは「教え」をどれだけ重んじているでしょうか。主イエスを啓示する聖書の教えは、ただ理解するだけではなく、私たちがその教えに心の底から服従することを求めています。

あなたが今、特に従わなければならない聖書の教えは、何ですか。

**祈り**「主よ、私を、みことばを聞くだけではなく、行う者としてください」(ヤコブ1・22参照)

69

**3月10日** ―― 6・19

**「聖潔に進みなさい」**

以前あなたがたは汚れと不法の奴隷でしたが、今は、身も心も義の奴隷として主に献げて「聖潔に進みなさい」、とパウロは命じます。「聖潔」とは聖さ、聖別、聖化のことです。神が私たちを義と認めたのは、私たちをご自分の「聖なる民」、「宝の民」として聖別するためです。私たちは神のご性質である聖さにあずかる者なのです。

私たちが「聖なる民」として生きるために、何をしなければならないでしょうか。

**祈り**「主が聖であるように、私も聖なる者としてください」

**70**
**3月11日**――6・20〜22
**「聖潔に至る実を得ています」**

罪の奴隷になっている人は、自分が本当の自由を得ていると錯覚しています。しかしその自由は、後になってみると恥でしかありません。その行き着くところは死です。しかし、罪から解放された神の奴隷は、「聖潔（聖さ）に至る実」を得て、永遠のいのちに至ります。

神があなたに結ばせようとしている「聖潔に至る実」は何でしょうか。

**祈り**「主よ、私を、『聖潔に至る実』を結ぶ者としてください」

**71**
**3月12日**――6・23
**「罪の報酬」「神の賜物」**

私たちは二人の主人に仕えることはできません。罪を自分の主人とし、罪に仕える者は、罪に値する報酬を得ます。それは死です。ここで言う死とは単なる肉体の死ではなく、罪ゆえに神のいのちから離れた生き方のことです。しかし、神を自分の主とする者は、恵みの賜物として「キリストにある永遠のいのち」をいただきます。

「永遠のいのち」とは何ですか。今の理解を書いてみましょう。

**祈り**「主よ、私に永遠のいのちの中を歩ませてください」

## 72 3月13日――7・1〜3

「**律法が人を支配するのは**」

ローマ教会では、ユダヤ人クリスチャンだけでなく異邦人クリスチャンも、旧約聖書の律法を知っていたようです。律法が人を支配するのは、その人が生きている間だけです。結婚の例でもわかるように、夫が死ねば、妻は夫に関する律法から解放されるのです。

律法はあなたを支配しているのでしょうか。

**祈り**「主よ、律法に対して死んだ者として私を生かしてください」

## 73 3月14日――7・4

「**キリストのからだをとおして**」

前節の律法から解放された妻のように、クリスチャンは「キリストのからだを通して」律法に対して死んでいるのです。この場合、「キリストのからだを通して」とは、キリストが十字架の上で成し遂げた贖いのわざのことです。信仰によってキリストと一つとされたことによって、私たちは律法に死に、神のために実を結ぶのです。

神があなたに結ばせようとしている「実」とは、何でしょうか。

**祈り**「私はキリストと一つとされました。実を結ばせてください」

## 74 3月15日――7・5〜6

「**古い文字にはよらず、新しい御霊によって**」

パウロは「古い文字」と「新しい御霊」を対比しています。古い文字とは律法の教師たちによる膨大な律法の解釈のことで、律法に込められた神の御思いから外れたものです。しかしクリスチャンは「新しい御霊」によって神に仕えます。御霊が私たちの心にみことばを通して神の御思いを教え、みことばを実行させてくださいます。

エゼキエル書36章26〜27節を読みましょう。一番心に留まったことは何ですか。
**祈り**「内住の御霊によって、私の心を日々新たにしてください」

**75**

**3月16日** ―― 7・7〜8

**「罪は戒めによって機会をとらえ」**

律法によって罪の欲情が働く（7・5）と言うパウロに対して、「それでは律法は罪なのか」という反論がされていたのでしょう。律法は罪ではありません。律法がなければ罪を知ることがありません。しかし、罪は律法を悪用して、律法が禁止する罪を犯させます。
戒めによって機会をとらえる罪の力を、最近あなたはどんなことで体験しましたか。
**祈り**「父よ、私たちを『悪からお救いください』」（マタイ6・13参照）

**76**

**3月17日** ―― 7・9〜12

**「戒めが来たとき、罪は生き、私は死にました」**

モーセに律法が与えられたことによって、罪が意識されるようになりました。しかも「いのちに導くはずの戒め」（10節）が、罪を引き起こし、死へと導きました。律法は悪い欲望を抑える力を持たず、かえって欲望を刺激しました。聖なる神から出た聖なる律法を通して死をもたらすこと、これが罪の本質です。
みことばを使って欺いたこと、欺かれたことがありますか（11節）。
**祈り**「主よ、みことばを使って欺く罪から、私を守ってください」

**77**

**3月18日** ―― 7・13〜14

**「私は肉的な者であり」**

ここから7章の終わりまでは、クリスチャンのうちに残る罪と肉の力であると考えられてきました。しかし最近では、キリストを信じて新しく生まれ変わる前の状態を語ったものであるという理解が見直されてきました。キリストを信じた者は、罪と死の力から解放されているからです（6・6～14）。

あなたはこの箇所がキリストを信じる前と後のどちらのことだと思いますか。

**祈り**「主よ、罪の中で死んでいた私を、キリストにあって生かしてくださり、感謝します」

## 78

**3月19日 ―― 7・15～17**

「**私のうちに住んでいる罪**」

すべての人は罪の影響下にあります。そして私たちのうちに罪が住みついています（17節）。その結果、律法が命じることをしたいと願っても行えず、自分が憎むことを行ってしまいます。キリストを信じて新生を経験していない者は、罪の力のもとにいるのです。クリスチャンも自分の弱さに愕然とすることがありますが、キリストとともに死に、生きる者とされたことを忘れないようにしましょう。

あなたも「私には、自分のしていることが分かりません」と思うときがありますか。

**祈り**「主よ、私が罪に対しては死んだ者であることを、私に実感させてください」

## 79

**3月20日 ―― 7・18～20**

「**自分の肉のうちに善が住んでいない**」

パウロは引き続き、生まれながらの自分のうちに、すなわち自分の肉の性質の中には罪が住みついているので、善を行いたいという良心の願いがあっても（2・14～15）、実行できないと語ります。キリストを信じないユダヤ人はこのような板挟みにあることに、パウロは気づかせようとしています。

あなたの周りに、このような葛藤に悩んでいる人がいますか。その人にどう接したらいいでしょうか。

**祈り**「主よ、罪と弱さで葛藤している人と話すときに、私の心に愛を満たしてください」

## 80

**3月21日 —— 7・21〜23**

**「私の心の律法に対して戦いを挑み」**

ユダヤ人は神の律法を誇り、喜びとしていました。キリストを知る前のパウロもそうでした。しかし、「異なる律法」が「心（理性）の律法」に対して戦いを挑み、「罪の律法のうちにとりこにし、神のみこころを行うことができないのです。クリスチャンであっても、自分の罪や弱さで葛藤することがあります。しかし、罪の力のとりこではなく、キリストによって解放されたのです（8・2）。

キリストを信じた後の罪や弱さを、どう捉えたらいいのでしょうか。

**祈り**「父よ、いのちを与える御霊によって、私を生かしてください」

## 81

**3月22日 —— 7・24〜25**

**「私は本当にみじめな人間です」**

キリストを知るパウロは、キリストを知らなかったかつての自分を見ると、「本当にみじめな人間」であると叫びます。ユダヤ人はモーセの律法を持っていても、キリストを知らないなら、「本当にみじめな人間」です。自分自身の力に対するあらゆる望みが取り去られたとき、キリストを通して、神の恵みがすべてのことを実現します。ただ神に感謝。

あなたの心の叫びはどちらですか。「私は本当にみじめな人間です」ですか。「神に感謝します」ですか。

**祈り**「キリストなしでは、私は本当にみじめな人間です。キリストを与えてくださり、ただ神に感謝します」

82

**3月23日** ―― 8・1〜2

**「いのちの御霊の律法」**

しかし、キリストにある者が罪に定められることは決してありません。なぜならキリストにある「いのちの御霊の律法」が、「罪と死の律法」から私たちを解放したからです。勝利者キリストは、ご自分を信じる者を、罪と死の支配からいのちの御霊の支配の中に導き入れたのです（コロサイ2・13〜15）。いのちの御霊は、このキリストの勝利を私たちのうちに実現したのです。

あなたは「罪と死の律法」から解放された実感がありますか。

**祈り**「父よ、キリストにある『いのちの御霊の律法』によって私を生かしてください」

83

**3月24日** ―― 8・3〜4

**「神はしてくださいました」**

私たちが「肉に従わず御霊に従って歩む」ときに、律法の要求が満たされます。私たちは信仰によって、私たちの罪を負ってくださった御子と一つにされているからです。御霊に従って「歩む」とは、日々歩むことです。御霊の導きに従って歩み続ける日々の生き方のことです。御霊に従って歩むとは、まず、肉と罪の思いに対してはっきり「Ｎｏ（ノー）」と言うことです。

あなたがノーと言わなければならない肉の思いはありませんか。

**祈り**「御霊の力によって、肉の思いにノーと言わせてください」

84

**3月25日 ―― 8・5〜6**

**「御霊の思いはいのちと平安です」**

パウロは肉に従う者と御霊に従う者、肉の思いと御霊の思いを対比します。私たちは肉に従うか御霊に従うかを迫られているのではありません。キリストにある者は、「御霊に従う者」、「御霊に属することを考え」る者とされ、御霊による「いのちと平安」をいただいたのです。御霊が私たちを神の御思いに導いてくださり、肉ではなく御霊によって生きる者としてくださいます。

「御霊に属することを考え」るために、あなたができること、兄弟姉妹とできること、教会としてできることはありますか。

**祈り**「主よ、私を、御霊によるいのちと平安で満たしてください」

85

**3月26日 ―― 8・7〜8**

**「肉の思いは神への敵意であり」**（岩波訳）

イエスさまも「肉は何の益ももたらしません」（ヨハネ6・63）と言いました。私たちの肉の思いは、神に敵対するものです。肉の思いは神に従うことはできません。肉の思いと行いは、神を喜ばせることができません。だからこそ、キリストにあるいのちの御霊が必要なのです。

あなたの思いの中で神に喜ばれるもの、喜ばれないものは何ですか。

**祈り**「神に敵対する肉の思いを、御霊によって取り除いてください」

86

**3月27日 ―― 8・9**

**「あなたがたは……御霊のうちにいるのです」**

パウロは御霊と私たちとの関係について、三つの大切な事実を語っています。第一に、神の御霊が私たちのうちに住んでいるという事実です（Ⅰコリント3・16、エペソ1・13～14）。第二に、だから私たちは「御霊のうちにいる」という事実です。第三に、キリストの御霊を持っていない人は、キリストのものではないという事実です。

この三つの事実を、あなたは確信をもって受け入れていますか。

**祈り**「神の御霊が私のうちに住み、私は御霊のうちにいます」

## 87

**3月28日――8・10**

**「キリストがあなたがたのうちに」**

9節では「神の御霊」が、そして10節では「キリスト」があなたがたのうちにいると言います。キリストが私たちのうちにいるので、からだは罪のゆえに死んでいても、御霊が義のゆえにいのちとなっています。つまり、信仰によって義と認められて「いのちの御霊」をいただいているので、御霊が私たちを生かしてくださるのです。

「キリストが私のうちにおられるなら……」。あなたは「……」にどんなことばを続けますか。思い浮かんだことを書きましょう。

**祈り**「キリストが私のうちにおられることを、感謝します」

## 88

**3月29日――8・11**

**「イエスを死者の中からよみがえらせた方の御霊」**

11節は「だれがこの死のからだから、私を救い出してくれるのでしょうか」（7・24）という叫びに対する神の答えです。それは御霊なる神です。天の父は、御霊によって、御子イエスさまを死者の中からよみがえらせました。同じように、その御霊が私たちのうちに住み、私たちの死ぬべきからだも生かしてくださるのです。

御父が御霊によって御子を復活させたように、

私たちも生かしてくださるということを思い巡らし、教えられたことを書きましょう。

**祈り**「父よ、御子を復活させたように、私をも生かしてください」

**89**

**3月30日――8・12～13**

**「もし御霊によってからだの行いを殺すなら」**

私たちは肉に従って生きる義理も責任もありません。私たちが責任があるのは御霊に従って生きることです。御霊に従って生きるとは、「御霊によってからだの行いを殺す」ことです。「殺す」とは「殺し続ける」ことです。みことば、祈り、交わり等を通して御霊が私たちの心に働き、肉の思いを殺す御霊の声に聞き従う生き方をすることです。

神の御霊が殺そうとしている肉の思いはありませんか。

**祈り**「父よ、御霊によって、私の肉を殺し霊を生かしてください」

**90**

**3月31日――8・14～15**

**「子とする御霊」**

ここでパウロは、御霊に導かれる人は「神の子ども」だと教えています。私たちは信仰によって「子とする御霊」すなわち「養子の御霊」をいただきました。御子は神のひとり子ですが、御子を信じることによって私たちは神の子ども（養子）とされ、御霊によって御子のように御父を「アバ、父」と親しく呼ぶ者とされました。

あなたは「アバ、父」と祈っていますか。それはなぜですか。

**祈り**「父よ、私を、御子の御霊によってあなたに対して『アバ、父』と親しく祈る者としてくださり、感謝します」

## 91

**4月1日 ―― 8・16**

**「御霊ご自身が」**

このみことばは特に重要です。私たちに内住する御霊ご自身が、私たちが神の子どもであることを証ししてくださるのです。御霊が証ししてくださっていることのしるしは、私たちの「アバ、父」という叫びです（8・15）。つまり私たちが心から「アバ、父」と天の父に祈るとき、私たちの霊が御霊に導かれてそう祈っているのです。

「あなたは神の子だ」という御霊の証しについて黙想しましょう。

**祈り**「父よ、『あなたは神の子どもだ』という御霊の証しを感謝します」

## 92

**4月2日 ―― 8・17**

**「神の相続人」**

「アバ、父」と祈ること、御霊の証しに続く、神の子どもであることの第三の特徴は、「神の相続人」であるということです。何を相続するのでしょうか。「栄光」です。キリストとともに栄光を相続することのしるしは何でしょうか。それはキリストと苦難をともにすることです。私たちが受けた恵みは、栄光とともに苦しみも伴っているのです（ピリピ1・29）。

あなたが経験していることの中に、「これはわたしの栄光を受けるためのわたしの苦しみだ」と主が語っていることはないでしょうか。

**祈り**「主よ、キリストとともに苦しむとはどういうことでしょうか。私に教えてください」

## 93

**4月3日 ―― 8・18～19**

**「取るに足りないと私は考えます」**

「キリストとともに共同相続人」（8・17）である私たちは、今の時にいろいろな苦しみに遭います。しかしその苦しみは、将来私たちに啓示される栄光に比べれば、取るに足りないものです。被造物もこの栄光が現されることを、切実な思いで待ち望んでいます。

あなたが経験している苦しみを、将来の栄光と比べてみましょう。

**祈り**「父よ、将来現される栄光の望みで、私を圧倒してください」

**94**

**4月4日** —— 8・20〜22

**「ともにうめき、ともに産みの苦しみを」**

被造物全体に目を向けましょう。アダムの罪のために、被造物も「滅びの束縛」の中に入れられました（創世3・17〜18）。被造物全体が、この束縛から解放されて、「新しい天」・「新しい地」として栄光の中に入れられることを待ち望んでいます（黙示21・1〜2）。

あなたは「産みの苦しみ」を経験していますか。その苦しみをだれと分かち合っていますか。

**祈り**「主よ、全被造物とともに、私を栄光に入れてください」

**95**

**4月5日** —— 8・23〜25

**「御霊の初穂」**

「初穂」とは「手付け金」や「保証」のことです（Ⅱコリント1・22）。私たちは救いの保証として御霊を与えられています。御霊なる神が私たちのうちに内住してくださっているので、私たちの救いは保証されています。ただ、私たちの救いが完成する時まで、私たちの心の中には栄光を待ち望むめきがあります。

あなたの心の中には「うめき」がありますか。

**祈り**「神よ、私はからだの贖われることを忍耐して待ち望みます」

**96**

**4月6日 ―― 8・26〜27**

**「御霊ご自身が……とりなしてくださるのです」**

何と驚くべき神の恵みでしょうか。何をどう祈ったらよいか分からない弱い私たちのために、御霊が私たちのうちで、神のみこころにしたがってとりなしてくださるのです。祈りとは、神ご自身である御霊が、私たちのうちで、私たちのために、祈っていてくださるものなのです。

御霊が私たちのためにとりなしてくださる恵みを黙想しましょう。

**祈り**「内住の御霊がとりなしていてくださることを感謝します」

**97**

**4月7日 ―― 8・28**

**「凡《すべ》てのこと相働《あい》きて益となる」**（文語訳）

「すべてのこと」がともに働いて益となる。私たちは心の中で「こんなことまで神さまが働いてくださるはずがない」と選別しています。しかし聖書は「すべてのこと」と語ります。例外がありません。神を愛する人たち、神のご計画にしたがって召された人たちのために、すべてのことがともに働いて益となります。この確信に立ちましょう。「すべてのことがともに働いて益となる」という約束によって、あなたは今までにどのような励ましを受けましたか。

**祈り**「主よ、すべてのことを御手の中で益としてください」

**98**

**4月8日 ―― 8・29〜30**

**「神は、あらかじめ知っている人たちを」**

ここに神の救いのご計画の全体像が書かれています。神は私たちをあらかじめ知っておられ（予知）、御子のかたちと同じ姿に定め（予定）、私たちを召し（召命）、義と認め（義認）、栄光を与えました（栄化）。私たちの救いは、私たちの行いや信仰深さによらず、神の確かなご計画によるのです。ここに私たちの希望と確信があります。

私たちの救いが神のご計画のうちにあることを思い巡らしてみましょう。特にどんなことに気がつきましたか。

**祈り**「私が神の確かな救いのご計画の中にいる恵みを感謝します」

**99**

**4月9日** ―― 8・31〜32

**「神が私たちの味方であるなら」**

パウロはこれまで述べてきたことから結論を引き出します。それは「神が私たちの味方である」ということです。御子キリストが私たちの罪のために死んでくださったことは、そして神がこのひとり子を惜しまずに死に渡されたということは、神が私たちの味方であることの証拠です。神が味方なら、だれも私たちに敵対できません。

神が味方であることは、あなたにとってどういう意味がありますか。「神が私たちの味方であるなら……」に続けて書いてみましょう。

**祈り**「神は私の味方です。だれが私に敵対できるでしょう」

**100**

**4月10日** ―― 8・33〜34

**「だれが、私たちを罪ありとするのですか」**

よく考えてみましょう。私たちは神に選ばれた者です。神が義と認めた者です。そしてキリストが神の右の座に着き、私たちのためにとりなしていてくださるのです（ヘブル7・25）。御霊も私たちのうちでとりなしています（ローマ8・26）。御子と御霊が二重にとりなしているのです。だれが私たちを訴え、罪ありとすることができるでしょうか。

キリストは今、あなたのために何をとりなしているでしょうか。

**祈り**「御子と御霊が私のためにとりなしてくだ

さり、感謝します」

**101**

**4月11日 —— 8・35～37**

**「だれが、私たちをキリストの愛から引き離すのですか」**

あなたは苦難、苦悩、迫害、飢え、裸、危険、剣の中でもキリストを愛し抜き、「圧倒的な勝利者」になれますか、とパウロはここで問いただしているのでしょうか。いいえ。私たちがキリストを愛し抜くのではなく、キリストが私たちを愛し抜いてくださるのです。だから私たちをキリストの愛から引き離すものは、何もありません。

あなたをキリストの愛から引き離すのはだれですか。

**祈り**「キリストの愛で私を『圧倒的な勝利者』にしてください」

**102**

**4月12日 —— 8・38～39**

**「主キリスト・イエスにある神の愛」**

どんな被造物も「私たちの主キリスト・イエスにある神の愛から、私たちを引き離すことはできません」。これがパウロの（そして私たちの）確信です。「神の愛」とは、私たちが神を愛することではなく、神が私たちを愛してくださることです。神の愛を確信しましょう。

「私はこう確信しています。……」。「……」にことばを続けて、あなたが確信していることを書いてみましょう。

**祈り**「キリストにある神の愛から、私を引き離すものはありません」

**103**

**4月13日 —— 9・1～3**

**「私自身がキリストから引き離されて」**

キリストの愛の確かさを語ったすぐ後で、パウロは自分の心の中にある大きな痛みと悲しみについて語ります。それは彼の同胞イスラエルのことです。彼らはキリストの福音を受け入れていません。キリストの愛も救いもまだ知りません。パウロは同胞のためなら、彼自身がキリストから引き離されてもよいとさえ思っていました。

あなたは「〇〇のためなら自分が犠牲になってもよい」と思っている人がいますか。

**祈り**「キリストの愛、パウロのような愛を私にも与えてください」

## 104 4月14日 ―― 9・4〜5

**「彼らはイスラエル人です」**

パウロは彼の同胞であるイスラエルの栄光の数々を挙げます。イスラエルは神の選びの民です（イザヤ43・1）。神の子たちです（出エジプト4・22）。神の栄光と臨在はイスラエルに現されました（出エジプト24・10〜11）。キリストも彼らから出ました。確かに神はイスラエルを通してご自分を啓示してきました。

上の参照聖句を開き、神とイスラエルの関係を考えましょう。

**祈り**「神よ、イスラエルは神の民です。私も神の民です」

## 105 4月15日 ―― 9・6〜9

**「肉の子ども」「約束の子ども」**

神の選びの民であるイスラエルの不従順のために、神のことばは無効になったのでしょうか。決してそのようなことはありません。なぜでしょうか。神の約束のゆえです。「イサクにあって、あなたの子孫が起こされる」という約束に基づいて、神のことばが必ず実現するからです。神のみこころは肉ではなく約束によって実現します。

あなたの信仰生活で、神の約束ではなく肉に頼っていることがありませんか。

**祈り**「神よ、肉ではなく神の約束によって、私を導いてください」

**106** **4月16日 ―― 9・10～13**

**「選びによる神のご計画が」**

ヤコブとエサウは約束の子イサクから生まれたので、二人とも神の選びのうちにあったのでしょうか。いいえ。生まれる前から、善も悪も行わないうちに、ヤコブが選ばれました。これは召してくださる神の「選びによる神のご計画」によることです。神の選びとは、私たちを不安にするものではなく、神の愛と約束を確信させるものです。神の「選び」について、今までどのように考えていましたか。

**祈り**「神よ、『選びによる神のご計画』を覚え、御名を賛美します」

**107** **4月17日 ―― 9・14～16**

**「神に不正があるのでしょうか」**

「わたしはヤコブを愛し、エサウを憎んだ」と言う神は、不正な神でしょうか。そうではありません。「わたしはあわれもうと思う者をあわれみ」ということばは、神の不正や悪意やえこひいきではなく、神の自由と主権を表しています。私たちの願いや努力は大切ですが、神のあわれみを受ける前提条件ではありません。私たちの願いや努力が不十分であることをご存知の上で、神はあわれんでくださるのです。

あなたが受けた神のあわれみを、一つ挙げてみましょう。

**祈り**「すべては私の願いや努力でなく、神のあわれみによります」

**108**

**4月18日**——9・17〜18

**「みこころのままに頑なにされるのです」**

イスラエル人をエジプトから解放せよと迫るモーセのことばを聞いたファラオは、多くの災いを見ても、心を頑なにしました。実は主がファラオの心を頑なにしておられたのです（出エジプト9・12）。ファラオは主が定めたように、しかも自分から主に対して心を頑なにしました。これは主の力が全世界に知らされるためでした。

あなたは主に対して心を頑なにしていることがありませんか。

**祈り**「主よ、私の頑なな心を、砕かれた心にしてください」

**109**

**4月19日**——9・19〜21

**「神に言い返すあなたは」**

神がご自分の自由な主権によって物事を決めるのだとしたら、どうして神は人を責めるのでしょうか。だれも神の計画に逆らうことができないのに。人間的に見ると、神は暴君のように見えます。しかしそうではありません。神がなすことはすべて、正しくかつ愛に満ちた目的を持っています。このことを忘れないようにしましょう。

あなたは神に対して「あなたはなぜ、私をこのようにしたのですか」と言いたいことがありますか。

**祈り**「神が行うわざは、すべて正義と愛に満ちた目的があります。主よ、私の目を開いてください」

**110**

**4月20日**——9・22〜23

**「豊かな寛容」**

「滅ぼされるはずの怒りの器」に対して、神は怒りを示してさばきを行ったでしょうか。いいえ。「豊かな寛容をもって耐え忍ばれた」のです。滅ぼされるはずのものが、忍耐されたのです。神は頑なな者に対して寛容と忍耐を示して、悔い改めに導こうとしておられます（2・4）。

神はあなたに対して寛容な方ですか。

**祈り**「父よ、豊かな寛容をもって頑なな私に忍耐してくださり、感謝します」

**111**

**4月21日——9・24〜26**

**「わたしの民でない者を／わたしの民と呼び」**

神のあわれみを受けたのはユダヤ人だけではありません。異邦人の中から召されてあわれみを受ける者もいるのです。つまり、神の民である教会は、ユダヤ人と異邦人によって構成されるのです。北王国イスラエルの反逆の民に対して語られたホセアの預言を引用して、パウロは、異邦人もあわれみを受けた神の民であると言います。

ホセア書1章を読んで、神のあわれみについて考えてみましょう。

**祈り**「私のことも『愛する者』と呼んでくださり、感謝します」

**112**

**4月22日——9・27〜29**

**「残りの者だけが救われる」**

イスラエルについても、イスラエルの民が一人残らず救われるのではなく、神に召された者すなわち「残された者」が救われるのです。イスラエルが神に対して不信仰になり反逆するときにも、神は救われる者を残しておられます。これは神の恵みのしるしです。

あなたの身近に、神の恵みのしるしとして「残された者」はいないでしょうか。

**祈り**「主よ、あなたの恵みとあわれみは尽きません。感謝します」

**113**

**4月23日** ―― 9・30～33

**「この方に信頼する者は」**

キリストに信頼する者は、失望させられることがありません（5・5）。キリストを信じるとは、信頼することです。自分の力ではなく、心を開いてキリストの恵みを受け取り、その恵みに拠り頼むことです。しかしユダヤ人にとって、十字架につけられたキリストは「つまずきの石」でした。あなたはキリストが「つまずきの石」だと思うことがありますか。

**祈り**「主よ、あなたに信頼する者は、失望させられることがありません」

**114**

**4月24日** ―― 10・1～2

**「彼らが神に対して熱心である」**

パウロは彼の同胞ユダヤ人が、「神に対して熱心である」と証しします。この「熱心さ」がユダヤ人の特徴です。彼自身も「先祖の伝承に人一倍熱心」で、その熱心は教会を迫害し滅ぼそうとしたほどでした（ガラテヤ1・13～14）。しかしどんなに熱心であっても、その熱心は恵みによる救いを与えるものではありませんでした。

あなたが信仰のことで「熱心」になっていることは、何ですか。

**祈り**「私を『神の恵みに頼ること』に熱心な者としてください」

**115**

**4月25日** ―― 10・3～4

**「律法が目指すものはキリストです」**

ユダヤ人の熱心が「知識に基づくもの」ではないとは、どういうことでしょうか。彼らが「神の義」を知らず、「自らの義」を立てようとしているということです。神の義とはキリストを信じる信仰によって、恵みによって「神との正しい関係」に回復されることです（3・21～24）。自分の義を立てることとは、恵みを無にします。あなたは「自らの義」を立てようとしていることがありませんか。

**祈り**「主よ、私を、自分の義を立てようとする愚かさから守り、あなたの恵みにのみ拠り頼む者としてください」

## 116

### 4月26日——10・5～8

**「あなたの口にあり、あなたの心にある」**

パウロは信仰による義を説明するために、申命記30章12～14節を引用します。申命記では神の律法のことばがあなたがたの近くにあると言っていますが、パウロはキリストを宣べ伝える福音のことばがあなたがたの近くにあると言い換えます。律法によって約束されていたことは、キリストによって成就したのです。

みことばがあなたの口と心にあるとは、どういうことでしょうか。

**祈り**「あなたのみことばは　私の足のともしび　私の道の光です」（詩篇119・105）

## 117

### 4月27日——10・9～10

**「心に信じて」「口で告白して」**

みことばが私たちの口と心にあると、どうなるでしょうか。「信仰」と「告白」になります。「口の告白」と「心の信仰」は表裏一体です。この二つは救われるためになくてはならないものです。「イエスは主です」と口で公に告白し、「イエスは復活した」と心で信じることです。告白しない信仰は裏切りであり、信仰のない告白は偽善です。

このみことばはクリスチャンになるときによく読まれる大切なみことばです。クリスチャンになった後も、このみことばは大切ですか。

**祈り**「復活したイエスさまは、私（私たち）の主です。アーメン」

**118**

**4月28日** ―― 10・11〜13

**「ご自分を呼び求めるすべての人に」**

イエスさまはすべての人の主です。「ご自分を呼び求めるすべての人」に対して、主は恵み深いお方、豊かに恵みをお与えになるお方です。「呼び求める」とは、神の助けや介入を願い求めることです。主を呼び求める者はだれでも救われ、失望させられることがありません。

主を呼び求めましょう。神のどのような助けや介入が必要ですか。

**祈り**「恵み豊かな主よ、私はあなたの御名を呼び求めます」

**119**

**4月29日** ―― 10・14〜15

**「信じたことのない方を」**

ユダヤ人が（そして私たちが）主を呼び求める者となるために、パウロは五つの手順を描きます。「主を呼び求める」⇕「主を信じる」⇕「主のことを聞く」⇕「主を宣べ伝える」⇕「遣わされる」。福音は単なる情報ではなく、宣べ伝える者の全人格を通して、チームワークによって伝えられるものです。

この五つの手順のうち、あなたに欠けているものは何ですか。

**祈り**「主よ、福音を伝える美しい者の中に私を加えてください」

**120**

**4月30日** ―― 10・16〜18

**「信仰は聞くことから始まります」**

ユダヤ人の信仰にとって「聞くこと」は非常に大切なことでした。聞くとは従うことです。神のことばを聞くということは、全身全霊を傾けて聞き、それに従うところまでいかなければ、聞いたことになりません。福音を聞いたユダヤ人がみな従ったのではありません。

あなたが今、聞き従わなければいけないみことばは、何でしょう。

**祈り**「主よ、私が御声を聞くとき、心を開いて聞き従えますように」

## 121

### 5月1日 ―― 10・19～21

**「あなたがたのねたみを引き起こし」**

神は異邦人にご自分を現すことでイスラエルにねたみを起こさせました。神は彼らに辛く当たっているのでしょうか。いいえ。申命記32章21節を読んでみましょう。まずイスラエルが神でないものを神としたので、神も異邦人にご自分を現し、イスラエルにねたみを起こさせました。主に背くことは想像を超えた結果を生みます。

あなたは今、何を（あるいはだれを）ねたんでいますか。

**祈り**「あなたはねたむ神です。私をねたむほど愛する神です」

## 122

### 5月2日 ―― 11・1～4

**「わたし自身のために……残している」**

それでは神はご自分の民イスラエルを退けてしまったのでしょうか。決してそんなことはありません。パウロ自身が証拠です。彼もイスラエル人です。さらに、神は旧約の時代においても、ご自分に忠実な民を、恵みによって残していました（I列王19・18）。

哀歌3章19～24節を読みましょう。何を教えられましたか。

**祈り**「主よ、あなたの恵みとあわれみは尽きることがありません」

## 123

### 5月3日 ―― 11・5～6

**「恵みの選びによって残された者たち」**

神の恵みの選びによって残された者たちは、旧約時代だけでなく今もいるのだ、とパウロは語ります。神への反逆と不信仰の中でも、神に選ばれ、神に忠実であり続ける者は残されています。これこそ神の恵みが尽きない証拠です。神を信じる者はどこまでも神の恵みによって生かされるのです。

行いを頼り誇ることは、恵みを無にすることです。あなたの歩みで、恵みを恵みでなくしていることはありませんか。

**祈り**「主よ、どんなときでも私を『恵みの選びによって残された者』としてください」

124

**5月4日** ―― 11・7〜10

**「ほかの者たちは頑なにされたのです」**

パウロは旧約聖書を引用しながら、イスラエルが神の恵みに対して心を頑なにしたことを語ります。選ばれた者（残された者）を除いて、イスラエルは神に反逆して罪を犯しました。神も彼らの心を頑なにし、罪に引き渡しました（1・24参照）。

あなたの心が「鈍い心」になっていないか、吟味しましょう。

**祈り**「主よ、私の鈍い心を、主に対してへりくだった敏感な心にしてください」

125

**5月5日** ―― 11・11〜12

**「彼らの背きによって」**

イスラエルの「残された者」以外の多くは、頑なになりキリストの福音を拒みました。それでは彼らはただ倒れるためにつまずいたのでしょうか。いいえ。彼らの背きによって、救いが異邦人に及ぶためでした。彼らの失敗が異邦人と世界の富となったのです。

あなたの失敗が、主にあって他者の益となったことがありますか。

**祈り**「主よ、私の失敗も御手によって富としてくださり感謝します」

126

**5月6日** ―― 11・13〜14

**「自分の務めを重く受けとめています」**

パウロは「異邦人への使徒」です。彼が回心したときに神が彼に与えた使命です（使徒9・15参照）。ですからパウロは自分の務めを重く受けとめ、光栄に思っていました。しかもパウロは、異邦人への使徒としての務めを投げ打ってではなく、むしろその務めを通して、同胞であるイスラエルの救いを願っていました。

主があなたに与えた務めは何ですか。それを重んじていますか。

**祈り**「主よ、あなたが与えてくださった務めを、私は重んじます」

## 127

**5月7日** ―― 11・15〜16

**「彼らが受け入れられることは」**

イスラエルが不信仰のゆえに神から捨てられることによって、異邦人に救いが及びました。そうだとしたら、イスラエルが悔い改めて神と和解することは、彼らが死者の中からいのちを得ることです。これはイスラエルの救いのことであり、終わりの時にキリストが再臨することによって実現します（11・25〜26）。パウロは、イスラエルの救いが神のご計画のうちにあることを堅く信じていました。

「神は私を見捨てなかった」と実感した経験がありますか。

**祈り**「父よ、あなたは私を見捨てない方です」（申命4・31参照）

## 128

**5月8日** ―― 11・17〜20

**「思い上がることなく、むしろ恐れなさい」**

パウロはオリーブを用いてイスラエルと異邦人を対比します。イスラエルは不信仰のゆえに折られ、異邦人は信仰によって接ぎ木され、神の民とされました。これは神の恵みのわざです。イスラエルがかつて律法を誇ったように、異邦人クリスチャンも恵みによる救いのゆえに思い上がるのではなく、神を恐れ敬わなければなりません。

神があなたの信仰生活の中で、「思い上がることなく、むしろ恐れなさい」とあなたに語っている事柄はないでしょうか。

**祈り**「主よ、思い上がらないであなたを恐れることを教えてください」

**129**

**5月9日 —— 11・21～24**

**「もし不信仰の中に居続けないなら」**

神の民であることの真のしるしは、「神のいつくしみ」にとどまり続けることです。いつくしみとは、ご自分の民に対する神の親切や好意のことです。ユダヤ人であっても異邦人クリスチャンであっても、神に対して不信仰を続ければ切り取られ、不信仰を悔い改めれば接ぎ木されます。これがえこひいきのない神の原則です。

神のいつくしみと厳しさ、どちらがあなたの上にありますか。

**祈り**「神のいつくしみの中に、いつも私をとどまらせてください」

**130**

**5月10日 —— 11・25～27**

**「イスラエルはみな救われるのです」**

イスラエルに対する神のご計画を啓示されたパウロは、それを「奥義」として語ります。それは、イスラエルの一部が頑なになったのは異邦人の満ちる時が来るまでであり、こうして「イスラエルはみな救われる」ということです。「イスラエルはみな」とは、ユダヤ人は一人残らずという意味ではなく、ユダヤ人全体としてという意味です。

イスラエルに対する神の奥義を聞いてあなたはどう思いましたか。

**祈り**「神が私たちの罪を取り除いてくださることを、感謝します」

## 131 5月11日 —— 11・28〜29

「神の賜物と召命は、取り消されることがないからです」

ここで「神の真実」が問題になっています。神のことばは決して無効になることがなく（9・6）、「選びによる神のご計画」は確かに実現します（9・11）。神がイスラエルを顧みるのは、イスラエルが神の前に特権を持っているからではありません。神の「賜物と召命」、つまり神が約束した祝福と選びは、取り消されることがないからです。

あなたに対する変わることのない「神の賜物と召命」は何でしょうか。

**祈り**「神よ、あなたの『賜物と召命』は取り消されることがありません」

## 132 5月12日 —— 11・30〜32

「すべての人をあわれむためだったのです」

神は、ユダヤ人であっても異邦人であっても、すべての人をあわれもうとして、すべての人を不従順のうちに閉じ込めました。言い換えると、神のあわれみを受ける前にすべての人は、自分が神のあわれみを受けるにふさわしくない者だ、ということを知らなければならないのです。主のあわれみは、へりくだる者の上にあります。

ヨブ記22章29〜30節を読みましょう。何を教えられますか。

**祈り**「主よ、私に本物のへりくだりを教えてください」

## 133 5月13日 —— 11・33〜36

「神の知恵と知識の富は」

神は、すべての人をあわれむために、すべての人を不従順に閉じ込めました。なぜ神はそのような方法を採ったのでしょうか。その答えは人間に与えられていません。私たちに許されていることは、「ああ、神の知恵と知識の富は、なんと深いことでしょう」と言って、神の栄光をほめたたえることです。

33〜36節を私たちの賛美として、神をほめたたえましょう。

**祈り**「父よ、あなたの知恵と知識の富は、なんと深いことでしょう」

**134**

**5月14日** ―― 12・1

**「ふさわしい礼拝」**

パウロは信仰による義、御霊による聖め、イスラエルの救いについて語ってきました。私たちは不従順であったにもかかわらず、神のあわれみを受けました（11・32）。だからこそ私たちは、福音によって生かされた者として、自分自身を神に献げるのです。これがふさわしい、霊的な、理にかなった礼拝です。

自分自身を神に献げるとは、具体的にどうすることでしょうか。

**祈り**「父よ、あなたは私のことを『聖なる生きたささげ物』として受け入れてくださるのですか。何と驚くべき恵みでしょう」

**135**

**5月15日** ―― 12・2

**「自分を変えていただきなさい」**

私たちは、クリスチャンになっても自分自身の性格は変わらない、と信じ込んでいます。そうではありません。御霊は、魂の深みから私たちを新しく造り変えてくださるのです。自分は変わらないと嘆いたりあきらめたりするのではなく、心を新たにしてくださる御霊の働きに拠り頼みながら、時間をかけて、神のみこころは何かを求めましょう。

あなたは最近、この世と調子を合わせていることがありませんか。

**祈り**「主よ、御霊によって、私の心を新しく造り変えてください」

## 136

**5月16日** ―― 12・3

**「慎み深く考えなさい」**

前節の「心を新たにすることで、自分を変えていただ」くとは、どのように実行できるでしょうか。それはまず、神との関係で自分を理解することです。神から与えられた信仰という規準に基づいて、自分について思うべき限度を超えて思い上がらず、慎み深く考えることです。

あなたが「慎み深さが必要だ」と思うのは、どんな点ですか。

**祈り**「神よ、私を、信仰に基づいて慎み深く考える者としてください」

## 137

**5月17日** ―― 12・4〜5

**「キリストにあって一つのからだであり」**

「信仰に応じた慎み深い考え方」とはどのようなものでしょうか。それは、私たちは「キリストにあって一つのからだである」という確信に立ってすべてを考えることです。私たちは、互いにキリストのからだの器官です。私たちは「私はどうか」と考えてしまいます。これからは、「私たちはどうか」と考える者とされたのです。

あなたはキリストのからだの中で、どんな役割を担っていますか。

**祈り**「主よ、互いのために生きることを私たちに教えてください」

## 138

**5月18日** ―― 12・6〜8

**「与えられた恵みにしたがって、異なる賜物を」**

キリストのからだを建て上げるために与えられ

ているのが、賜物です。異なる賜物が恵みにしたがって与えられています。つまり、神の恵みは、教会の中で賜物として表れるのです。賜物に優劣はありません。どの賜物もみなの益となり、尊いのです（Ｉコリント12・7）。

あなたの賜物は、何ですか。

**祈り**「主がくださった賜物を、みなの益のためにお用いください」

**139**

**5月19日**――12・9

**「愛には偽りがあってはなりません」**

パウロは、心を新たにされた者（12・2）の生き方を具体的に語り始めます。それは愛から始まります。愛は御霊の実の最初のものです（ガラテヤ5・22）。クリスチャンの愛とは偽りや偽善のない、心からの愛でなければなりません。愛は単なる感情ではありません。愛は悪を憎悪し、善に親しむものでなければ、真実の愛ではありません。

あなたの愛に偽りはありませんか。悪を憎み、善に親しんでいますか。

**祈り**「主よ、私を、偽りのない真心から愛する者としてください」

**140**

**5月20日**――12・10

**「互いに」**

クリスチャンは神の家族として、「互いに」愛し合う者です。だから互いの間に愛がないとき、私たちは深く傷つきます。互いに愛し合うためには、互いに相手をすぐれた者として尊敬し合うことが欠かせません。これは肉の性質にはできないことです。内住の御霊が、私たちを愛し合う者にしてくださることを期待し祈りましょう。

あなたにとって、「互いに相手をすぐれた者として尊敬し合」うことの妨げになっているものは、何ですか。

**祈り**「主よ、私たちに心からの兄弟愛を与えてください」

141

## 5月21日 ―― 12・11

「勤勉で怠らず、霊に燃え、主に仕えなさい」

勤勉、霊に燃えること、主に仕えること、クリスチャンはこれら三つのどれも欠くことができません。私たちは怠惰や面倒くさいという気持ちに負けてはいけません。主にあって私たちの霊が燃やされることを求めましょう。「私は主に仕える者とされたのだ」という思いがないと、勤勉さと熱心さは極端に走り、信仰生活のバランスが失われてしまいます。

勤勉、霊に燃え、主に仕えること。あなたは何が欠けていますか。

**祈り**「主よ、私を御霊によって、勤勉で霊に燃え、主に仕える者としてください」

142

## 5月22日 ―― 12・12

「ひたすら祈りなさい」

望みを抱いて喜ぶこと、苦難に耐えること、ひたすら祈ること、クリスチャンとしてこの三つを欠くことはできません。私たちが信仰の試練の中でも希望を持って喜び、忍耐するためには、絶えず祈ることが欠かせません。キリストも内住の御霊も、私たちのためにとりなしています（8・26、34）。これが祈りの原動力です。

ひたすら祈るための第一歩として、あなたは何が始められますか。

**祈り**「父よ、御子と御霊によって、私を祈りの人としてください」

143
## 5月23日 —— 12・13

「聖なる者たちの貧しさを自分のものとして彼らを助け」(新共同訳)

解放された自由な心がないと、これは実行できません。私の物、私の時間、私の家、私の好み、私のやり方、私、私……。私たちは自分の持ち物に、いや、解放されていない自分自身に囚われています。すると相手の痛みを自分のものにできません。分かち合うことも人を歓待することも、キリストにあって新生した者の生き方です。

初代教会は持ち物を分け合っていました(使徒2・44〜45、4・32〜37)。なぜ私たちは同じように持ち物を分け合わないのでしょうか。

**祈り**「主から豊かに受けた者として、私を、豊かに与える者にしてください」

144
## 5月24日 —— 12・14

「あなたがたを迫害する者たちを祝福しなさい」

心を新たにされた者は、自分を迫害する者を祝福します。これは、私たちを迫害する者を神が祝福してくださるように、神に真心から祈り求める生き方です。私たちにはこんなことはできません。むしろ彼らを憎み、復讐します。しかし、神の御霊は復讐を求める私たちの心を、祝福する心へと造り変えてくださるのです。

あなたはこのような神の御霊の働きを信じられますか。

**祈り**「主よ、私は迫害する者を祝福することなどできません。私を助けてください」

145
## 5月25日 —— 12・15

「喜ぶ者といっしょに喜び」(新改訳第三版)

人が喜ぶと落胆し、人が悲しむと内心では喜ぶようなところが、私たちにはないでしょうか。これは心が新たにされた者の生き方ではありません。偽りのない愛でもありません。神は、キリストを信じて新たにされた私たちを、御霊によって、喜ぶ者とともに喜び、泣く者とともに泣く、真に人間らしい者に造り変えてくださいます。

喜ぶ者と喜び泣く者とともに泣く人を、あなたは知っていますか。

**祈り**「主よ、私は喜ぶ者とともに喜び、泣く者とともに泣く者になりたいです」

**146**

**5月26日** —— 12・16

**「互いに一つ心になり」**

クリスチャンは「互いに一つ心」になることを求めます。私たちが「互いに一つ心」になることを妨げるものは何でしょうか。プライドです。自分こそ賢く知恵のある者だという思いが、一つ心になることを妨げます。一つ心になるために欠かせないことは、身分の低い人や弱い人を、同じ思いになって配慮することです。

私たちが「一つ心」になることを妨げているものは何でしょうか。

**祈り**「主よ、私たちクリスチャンを『互いに一つ心』にしてください」

**147**

**5月27日** —— 12・17

**「悪に悪を返さず」**

悪に対して悪を返す、これは復讐です。人間的には当然の、少なくとも仕方ないことに見えるかもしれません。しかし、神のみこころは何かと求める者、心が新たにされた者は、悪に悪を報いる悪循環を断ち切らなければなりません。むしろ善を図るのです。

あなたが今、悪に悪を返そうとしていることはないでしょうか。

**祈り**「主よ、悪に悪を返す悪循環から、私を解放してください」

**148**

**5月28日** ―― 12・18

**「すべての人と平和を保ちなさい」**

クリスチャンは、信仰のゆえにこの世と対立することがあります。もちろん私たちは主イエスを信じる信仰を否定したり、罪と悪に協力したりすることはできません。しかし、そうでない限り、私たちは平和を保ち、平和をつくり出すことを全力で求めましょう（マタイ5・9）。

あなたが今、平和を回復しなければならない人は、だれですか。

**祈り**「主よ、御霊によって、私を平和をつくる者としてください」

**149**

**5月29日** ―― 12・19

**「自分で復讐してはいけません」**

私たちは自分で復讐したくなります。しかし復讐心は私たちの心を虜《とりこ》にします。復讐は神の民がすることではありません。平和を命じ、復讐を禁じる神は、正義をないがしろにはしません。復讐は神がなさることです。私たちは神の御手にゆだねることを学びましょう。

自分の心に復讐の思いがないか、祈りのうちに探ってみましょう。

**祈り**「主よ、私のうちにある復讐の思いを、御手にゆだねます」

**150**

**5月30日** ―― 12・20

**「もしあなたの敵が飢えているなら」**

「自分で復讐しない」ということは、敵に対して「何もしない」ということではありません。敵に対して親切にするということです。主は「自分の敵を愛し、自分を迫害する者のために祈りなさい」（マタイ5・44）と語りました。このような愛と親切によって、私たちの敵は自分を恥じ、悔い改めに導かれるかもしれません（2・4）。

あなたが○○さんに対して主にあってできる親切は何でしょうか。

**祈り**「主よ、私は敵を愛せません。聖霊によって私の心を新たにしてください」

## 151

**5月31日**――12・21

**「むしろ、善をもって悪に打ち勝ちなさい」**

殴られたら殴り返す。これは相手に負けないための定石です。しかしこれでは、相手に勝ったとしても、悪に負けています。神が私たちに示している道は、「善をもって悪に打ち勝つ」ことです。善を行い続けることによって悪に打ち勝つことを、祈り求めましょう。

あなたは、殴られたら殴り返しますか。

**祈り**「主よ、私を、善によって悪に打ち勝つ者としてください」

## 152

### 6月1日 ―― 13・1～2

「**人はみな、上に立つ権威に従うべきです**」

ローマ人への手紙が書かれた時のローマ皇帝はネロでした。まだ彼によるクリスチャン迫害は始まっていませんでした。1節にあるように、支配者に権威を与えているのは神です。ですからクリスチャンは支配者に従うべきです。しかしもし支配者が神のみこころに反することを命じたら、神に従うことのほうを選ぶべきです（使徒4・19）。

あなたがクリスチャンとして支配者に従うとはどういうことか、具体的に考えてみましょう。

**祈り**「主にあって上に立つ権威に従うことを、私に教えてください」

## 153

### 6月2日 ―― 13・3～5

「**良心のためにも従うべきです**」

私たちがこの世の権威に従うのは、彼らが悪をさばくために立てられた神のしもべだからです。しかし、さばきを恐れること以上の理由があります。それは、「良心のために」です。クリスチャンは聖書を通して神のみこころと目的を教えられています。神が歴史を支配しみこころを実現する主であるがゆえに、クリスチャンはこの世の権威に従います。

神を知らない日本の指導者たちも、「神のしもべ」なのでしょうか。

**祈り**「主よ、あなたを知らない日本の上に、あなたの全能の御手がどのように働いているか、見極める目を与えてください」

## 154

### 6月3日 ―― 13・6～7

「**すべての人に対して義務を果たしなさい**」

私たちは義務がある人に対しては義務を果たし、負債のある人に対しては負債を返さなければなりません。イエスさまも「カエサルのものはカエサルに、神のものは神に返しなさい」（マタイ22・21）と語りました。これは単に義務感を持ちなさいという教えではなく、キリストを主と告白する者としての生き方です。

あなたはだれに対して、どのような義務や負債がありますか。

**祈り**「主よ、私が愛をもって義務を果たせるようにしてください」

**155**

## 6月4日 —— 13・8〜10

「**愛は律法を全うします**」（新改訳第三版）
私たちは律法を守ったから救われたのではありません。信仰によって救われた私たちは、御霊の助けによって、律法の命じる行いを心から喜び行う者とされたのです。隣人に対する律法は、「あなたの隣人を自分自身のように愛しなさい」ということばの中に要約されています。
「あなたの隣人を自分自身のように愛しなさい」ということばをどのように実行できますか。あなたの日常生活を振り返ってみましょう。
**祈り**「主に愛された者として、私を、隣人を愛する者としてください」

**156**

## 6月5日 —— 13・11〜13

「**今がどのような時であるか**」

今はどのような時でしょうか。パウロは夜と昼のイメージを用いて説明しています。今は私たちが眠りからさめるべき時です。救いの完成が近づいているからです。福音を信じて神との平和に入れられた私たちは、それにふさわしい「昼らしい」生き方を求めましょう。神との関係が回復した人は、生き方まで変えられます。

あなたが打ち捨てなければならない「闇のわざ」は何ですか。

**祈り**「主よ、今こそ私たちが眠りからさめ、昼らしく歩む時です」

157
## 6月6日 ―― 13・14

「主イエス・キリストを着なさい」

「キリストを着る」とはどういうことでしょうか。制服を着るとその学校の生徒になります。同時に、その学校の生徒だけが、その学校の制服を着る資格があります。私たちは、バプテスマを受けることによって、キリストとともに死に、キリストとともに生きる者とされました（ガラテヤ3・27）。その意味で私たちはキリストをすでに着たのです。キリストを着た者は、キリストを主として生きるのです。

あなたの生活の中で、肉に心を用いて、キリストを主として生きることを妨げていることがないか、探ってみましょう。

**祈り**「神よ、キリストを着た者として、私を生かしてください」

158
## 6月7日 ―― 14・1〜3

「信仰の弱い人を受け入れなさい」

信仰の弱い人を受け入れること、これがクリスチャン同士の愛の原則です。これは単に相手をいやいや受け入れるということではなく、心から受け入れるということです。なぜなら、神がその人を受け入れてくださったからです。その人の意見も弱さも尊重することです。互いにさばき合うことは、神の家族がすることではありません。

あなたが意見の合わない人を思い浮かべ、その人も神が受け入れてくださっていることを思い巡らしてみましょう。

**祈り**「主よ、あなたが受け入れている人を、私も受け入れます」

**159**

**6月8日** ―― 14・4

「**他人のしもべをさばくあなたは何者ですか**」

他人のしもべとは、キリストのしもべのことです。私たちの心に兄弟姉妹をさばく思いがあるとき、その人がキリストのしもべであることを思い出しましょう。キリストのしもべはキリストの心に沿って生きることを第一にするのです。私たちの心に沿うことが第一ではありません。

主のしもべ〇〇が立つために、あなたにできることは何ですか。

**祈り**「主よ、主のしもべ〇〇が立つために、私を用いてください」

**160**

**6月9日** ―― 14・5〜6

「**主のために**」「**神に感謝して**」

どの日を重んじるかというように、聖書が明確に命じていない、各人の判断に任せられている問題があります。そのような問題は、それぞれが主の前で確信を持つべきです。そのときの注意点が二つあります。自分勝手な判断ではなく「主のために」判断し確信を持つこと、そしてその判断に神への「感謝」が伴っていることです。

聖書が明確に命じていないことで、あなたが確信を持っていることについて、「主のために」確信し、「感謝」が伴っていますか。

**祈り**「主よ、私に確信を与えてください。その確信があなたのために、しかもあなたへの感謝に満ちたものとなるようにしてください」

**161**

**6月10日** ―― 14・7〜9

「**私たちは主のものです**」

私たちは「あなたは主のものですか」と尋ねられたら、「はい、そのとおりです」と答えるでしょう。それでは私たちは主のものとして生きているでしょうか。「はい、私は主のものとして生きています」と胸を張って答えられるでしょうか。今の時代、「私は何ができるか」あるいは「私は何者か」と考えます。しかし本当に大切な問いは、「私はだれのものか」ということです。私たちは主のものです。だから主のために生きるのです。

あなたが主のものとして生きるのを妨げているものは、何ですか。

**祈り**「私が主のものであることこそ、私の唯一の慰めです」

**162**

**6月11日**——14・10〜12

**「神に申し開きをすることになります」**

私たちはキリストを信じて救われました。ここで勘違いをしてはいけません。キリストは私たちの罪をすべて背負ってくださいました。しかし、私たちは「神のさばきの座」に立ち、私たちのことを神に申し開きするのです。兄弟姉妹をさばいたり見下したりすることは、私たちのすることではありません。さばきは神がすることです。

あなたはだれをさばいていますか。なぜその人をさばくのですか。

**祈り**「さばきは主のものです。さばきをあなたにゆだねます」

**163**

**6月12日**——14・13〜15

**「決心しなさい」**

私たちに必要なのは、「決心」です。決心とはキリストを信じるときだけではなく、信仰生活の中でも必要です。私たちは、兄弟姉妹にとってつまずきになるものを置かないように、決心しなければなりません。つまずきを取り除かず、兄弟姉妹の心を痛め続けるなら、もはや愛によって行動しているのではありません。

私たちの間に、つまずきになるものがある根本原因は、何でしょうか。

**祈り**「主よ、私たちから、つまずきの原因を取り除いてください」

**164**

**6月13日 ―― 14・16〜18**

**「聖霊による義と平和と喜び」**

神の国とは、聖霊によって与えられる義と平和と喜びのことです。義も平和も、第一に神との関係のことです（ローマ3・21〜26、5・1）。しかしここでは、義とはクリスチャン同士の正しい関係、そして平和とはクリスチャン同士の平和を指しています。私たちの神と人との関係が正しく平和であるとき、私たちは真の喜びに満たされます。

教会が義と平和と喜びに満たされるための第一歩は何でしょうか。

**祈り**「主よ、私たちの教会を、聖霊による義と平和と喜びに満たしてください」

**165**

**6月14日 ―― 14・19〜21**

**「追い求めましょう」**

私たちはクリスチャンとして、「追い求める生き方」をしているでしょうか。私たちの間の平和と互いの成長は、追い求めるものです。だれかが平和と成長を与えてくれるのを待つのではなく、私たちみなが平和と互いの成長を追い求めましょう。そのとき忘れてはいけないことは、確信の強い人が、弱い人をつまずかせないことです。

お互いの平和と成長のためにあなたにできることは、何ですか。

**祈り**「主よ、私を、互いの平和と成長のためにお用いください」

**166**

**6月15日 ―― 14・22〜23**

**「疑いを抱く人が食べるなら」**

この箇所は14章のまとめです。信仰の強い人は、食べ物やどの日を重んじるか等の問題について、神の御前で自分の確信に基づいて行動できます。しかし弱い人は、疑いを抱きながら良心に反した行動（信仰から出ていない行動）をしてしまうことがあります。弱い人をつまずかせないように、お互いに愛をもって配慮しましょう。

あなたの確信が、だれかのつまずきになっていないでしょうか。

**祈り**「主よ、私の確信があなたと人とに受け入れられますように」

**167**

**6月16日**――15・1～3

**「力のない人たちの弱さを担うべきであり」**

私たちの力、能力、賜物は、自分を喜ばせるために与えられたのではありません。「力のない人たちの弱さを担う」ために与えられたのです。私たちに与えられた力は、私たちの隣人を喜ばせ、霊的に成長させ、その人の益となるために与えられました。これはキリストご自身にも見られる態度です。

あなたはだれの、どのような弱さを配慮し、担う必要があるでしょうか。

**祈り**「主よ、私たちを互いの弱さを担い合う者としてください」

**168**

**6月17日**――15・4～6

**「心を一つにし……父である神をほめたたえますように」**

「忍耐と励ましの神」は、ご自分が語ったことばである聖書を通して、私たちに希望を与えてくださいます。それは、私たちが「互いに同じ思い」を抱き、「心を一つにし、声を合わせて、私たちの主イエス・キリストの父である神をほめたたえ」るという希望です。私たちの期待はこれ以下であってはいけません。神に期待しましょう。

教会が心を一つにして神をほめたたえる様子を、

想像しましょう。

**祈り**「主よ、私たちの教会を、心を一つにしてあなたをほめたたえる群れにしてください」

**169**

## 6月18日――15・7〜9

**「神の栄光のために、キリストが」**

神のみこころは、信仰の強い人も弱い人も互いに相手を受け入れることです。強い人だけではなく、弱い人も相手を受け入れるのです。なぜでしょう。第一に、「神の栄光のため」です。私たちが互いに受け入れ合うことによって、神の栄光が現されるのです。第二に、キリストご自身が私たちを受け入れてくださったからです。

互いに受け入れることについて、主はあなたに何を教えていますか。

**祈り**「主の栄光のために私たちを受け入れ合う者としてください」

**170**

## 6月19日――15・10〜13

**「希望の神」**

パウロは律法、詩篇、預言書を引用しながら、神が「希望の神」であることに私たちの心を向けます。希望とは神ご自身のご性質です。神がおられるところには希望があります。しかも聖霊の力によって希望が満ちあふれます。その一方で、私たちが神を見失うなら、私たちは希望をも見失います。私たちがこの「希望の神」に信頼を置くとき、神は喜びと平和で満たしてくださいます。

私たちの神が「希望の神」であることを、思い巡らしましょう。

**祈り**「希望の神よ、あなたの希望で私を満たしてください」

## 171 6月20日 ―― 15・14～16

「祭司の務めを果たしています」

異邦人の使徒パウロは、ここで自分のことを「祭司」として捉えています。旧約の祭司のように動物や穀物を用いてではなく、神の福音をもって祭司の務めを果たしています。パウロは福音を伝えることで異邦人が回心することを求めていました。それは異邦人を、神に受け入れられるささげ物として、神に献げるためでした。

私たちも「祭司」なのでしょうか。私たちの務めは何でしょうか。

**祈り**「主よ、私を祭司として、主と人々に仕えさせてください」

## 172 6月21日 ―― 15・17～19

「キリストが私を用いて成し遂げてくださったこと」

パウロは、異邦人を従順にするための祭司としての務めとその働きの実を、キリストが「私を用いて成し遂げてくださったこと」であると証ししています。エルサレムからイルリコに至る福音宣教のわざは、ことばと行い、しるしと不思議を行う力、神の御霊の力によって、パウロを用いてキリストが成し遂げたものです。

あなたは、「キリストが私を通して働いている」という実感がありますか。なぜそのような実感がある（ない）のでしょうか。

**祈り**「主よ、私を用いて、あなたのみわざを成し遂げてください」

## 173 6月22日 ―― 15・20～21

**「キリストの名がまだ語られていない場所」**

パウロは、エルサレムからイルリコに至るまで、キリストの名がまだ語られていない場所に福音を宣べ伝えてきました。そしてローマのクリスチャンとの交わりを持った後で、西の果てイスパニア（今のスペイン）まで福音を携えて行くつもりでした。

あなたの宣教の目標は何ですか。目標がなければ考えましょう。

**祈り**「父よ、どんなかたちでも、私に福音を伝えさせてください」

## 174 6月23日 ―― 15・22～24

**「まず心を満たされてから」**

パウロがローマ教会を訪ねたいと思う理由が二つありました。まず、ローマの兄弟姉妹との交わりを通して、パウロ自身が心を満たされたかったのです（1・11～12）。次に、ローマから支援を受けてイスパニアへと送り出されることを願っていたようです。パウロほどの人でも、物心両面で兄弟姉妹の支えを必要としていたのです。

宣教の働きのために、あなたが支援できることを具体的に挙げてみましょう。

**祈り**「どんなかたちでも、私に宣教の働きを援助させてください」

## 175 6月24日 ―― 15・25～29

**「霊的なもの」「物質的なもの」**

パウロはローマを訪ねる前に、マケドニアとアカイアの異邦人クリスチャンが、貧しいユダヤ人クリスチャンのためにささげた経済的援助を、エルサレムに持って行く計画がありました。なぜでしょうか。ユダヤ人も異邦人も、キリストのからだなる教会として、互いに支え合い、重荷を負い、祝福を分かち合うためです。

あなたがほかの教会やクリスチャンと分かち合える物は、何ですか。

**祈り**「主よ、私たちを、互いの重荷を負い合う者としてください」

176
## 6月25日 —— 15・30〜33

**「力を尽くして、神に祈ってください」**


パウロにはエルサレムに行き、イスパニアにまで宣教に行くヴィジョンがありました。彼は自分を力強く成功した宣教師であると考えていたのでしょうか。いいえ。パウロはいつも、キリストゆえに試練と迫害に遭っていました。だから、力を尽くして神に祈ることによって自分を支えてほしいと、ローマの兄弟姉妹に懇願しました。

あなたの祈りを必要としている人はだれですか。挙げてみましょう。

**祈り**「力を尽くして祈り祈られる幸いの内に、私を生かしてください」

177
## 6月26日 —— 16・1〜2

**「多くの人々の支援者」**


フィベはおそらくこの手紙をローマへ携えて来た人物です。彼女の名前は聖書の中でこの箇所だけに登場します。フィベについてわかることは、彼女がパウロを含む「多くの人々の支援者」であったことです。これがクリスチャンの生き方です。自分で自分を富ませるのではなく、人を富ませることによって自分も豊かにされるのです。

あなたの支援を必要としている人はだれですか。どんな助けでしょうか。

**祈り**「主よ、私を、受けるよりも与える者にしてください」

**178**

**6月27日 ―― 16・3～4**

**「私だけでなく、異邦人のすべての教会も」**

プリスカとアキラはパウロの同労者でした（使徒18・2～3）。彼らはおそらくエペソでの騒動のとき（使徒19・23～40）、いのちがけでパウロを守りました。この夫婦は、パウロに感謝されているだけでなく、教会の人々にも感謝されていました。主が与えてくださる愛は、一人の人を深く愛し、しかもほかの人へとあふれ出るものです。

あなたはだれに感謝していますか。またにだれに感謝されていますか。

**祈り**「私たちの教会を、互いに感謝し合う群れとしてください」

**179**

**6月28日 ―― 16・5～7**

**「私とともに投獄されたアンドロニコとユニア」**

アンドロニコとユニアは二重の意味でパウロと深いつながりがありました。一つは彼の「同胞」つまりユダヤ人であること、もう一つは彼らがパウロと「ともに投獄された」ことです。キリストの名のゆえに投獄されるという苦しみをともにすることによって、パウロと彼らは堅い絆で結ばれたのでしょう。

あなたは今、だれかと苦しみをともにしていますか。

**祈り**「主よ、私を人と苦しみをともにする者としてください」

**180**

**6月29日 ―― 16・8～13**

**「また彼と私の母によろしく」**

パウロは多くの奴隷の名前、女性の名前、ナルキソのように皇帝に仕えていたと言われる者の名前を挙げています。教会はこのように多様な人々によって構成されます。その中でパウロはルフォスの母を「彼と私の母」と呼んでいます。神の家族である教会の交わりでは、お互いの間に親と子や兄弟姉妹のような深い愛の関係が結ばれるものです。

教会での交わりを深めるために、どんなことから始められますか。

**祈り**「私の集う教会の交わりを、神の家族として深めてください」

**181**

**6月30日** —— 16・14〜16

**「聖なる口づけをもって」**

口づけは古代社会で、特にユダヤ教ではあいさつとしてよく見られたものでした。口づけは単に男女の愛情表現ではなく、尊敬、親密さ、赦しを表していました。教会のあいさつはそのようなものです。信頼関係がない人同士がどうして口づけするでしょうか。

私たちも教会で口づけをしてあいさつしたほうがいいのでしょうか。

**祈り**「教会で私たちが心から愛し合い、愛を表現できますように」

## 182

**7月1日** ―― 16・17～20

**「学んだ教えに背いて」**

私たちは聖書の教えを学び、その教えに従っていないと、多くの問題を起こし、過ちに陥ります。私たちは問題点を明らかにせず、曖昧なままにしておくことがよくあります。しかしパウロは問題点を分裂、つまずき、自分の欲望に仕えている、純朴な人たちの心をだますと呼んで明らかにし、断固として立ち向かうように勧めています。

私たちには、主の前にはっきりさせなければならない問題はないでしょうか。

**祈り**「主よ、聖書の教えによって私たちの問題を扱ってください」

## 183

**7月2日** ―― 16・21～23（24）

**「私の同労者テモテ」**

パウロには数々の同労者がいて、彼らによって彼の宣教の働きは支えられました（16・3、9）。その一人がテモテです。第二次伝道旅行のときにパウロの働きに加わり、以後パウロの同労者として働きました（使徒16・1～3、17・14～15、18・5）。パウロは彼のことを「信仰による、真のわが子テモテ」と呼んでいます（Ⅰテモテ1・2）。

あなたにとって、テモテのような信仰の同労者はだれですか。

**祈り**「主の働きを同労者とともに行うことは、何と幸いなことでしょう」

## 184

**7月3日** ―― 16・25～27

**「栄光がとこしえまでありますように」**

パウロはこの手紙を書き終えるに当たって、もう一度彼が語ってきた福音のエッセンスをまとめます。パウロが福音を宣べ伝えたのは、福音を通してすべての異邦人に「信仰の従順」をもたらすためです。福音を信じることによって、私たちも

「知恵に富む唯一の神」の名をともにほめたたえる者の列に加わりましょう。

ローマ人への手紙を読んで、一番印象に残ったことは何ですか。

**祈り**「知恵に富む唯一の神よ、栄光がとこしえまでありますように」

## エペソ人への手紙

パウロは紀元六一年から六二年頃、ローマの獄中からこの手紙を書いたと言われています。小アジアの州都であったエペソの教会（あるいは小アジアの諸教会）に宛てて書かれました。キリストの十字架によって、ユダヤ人と異邦人を隔てていた壁が打ち壊され、一つのからだである教会とされたことが語られています。

185

## 7月4日 —— 1・1〜2

### 「神のみこころによる」

パウロはエペソの（あるいはエペソ周辺の諸教会の）クリスチャンに対して、自分のことを「神のみこころ」によってキリストの使徒になった者だと語りました。パウロは、彼自身が優れていたからではなく、「神のみこころ」によって、神の無条件の恵みによって使徒になったという明確な確信を持っていました。

あなたも「神のみこころ」によって召されたと、確信できるのでしょうか。それともこれはパウロだけに与えられた確信でしょうか。

**祈り**「神よ、私も、神のみこころによって召された者として歩ませてください」

## 186 7月5日 ―― 1・3

「天上にあるすべての霊的祝福をもって」

父なる神は、キリストにあって、「天上にあるすべての霊的祝福」をもって、私たちを祝福してくださいました。「霊的祝福」とは、御霊によるる祝福、御霊のいのちに属する祝福のことです。御子にある、御霊による、御父の祝福。この三位一体の神による祝福がどのようなものか、パウロがこれからそのすばらしさを説き明かします。

「天上にあるすべての霊的祝福」とはどのようなものでしょうか。今のあなたの理解を書いてみましょう。

**祈り**「天上にあるすべての霊的祝福に、私の目を開いてください」

## 187 7月6日 ―― 1・4～5

「愛をもってあらかじめ定めておられました」

私たちは「選び」や「予定」と聞くと、選ばれなかった人はどうなるのかなどと疑問を持ちます。しかしパウロは選びと予定についてそのようなことは言っていません。神の選びと予定は、私たちの励ましです。神の選びは、さばきではありません。「愛をもって」私たちを「ご自分の子」にしようとする、神のみこころの表れです。

神が私たちを「ご自分の子」にしようとあらかじめ定めておられたという驚くべき恵みを、思い巡らしましょう。

**祈り**「父よ、あなたは私をご自分の子と定めてくださいました」

## 188
**7月7日 ―― 1・6〜7**

**「恵みの栄光」**

神が私たちに与えてくださった「恵みの栄光」とはどのようなものでしょうか。それは、神が「その愛する方」（愛されている状態にある方）、つまり御父によって永遠に愛されているひとり子イエス・キリストによって与えたものです。御父に愛されている御子が行うみわざは、栄光と恵みとまことに満ちています（ヨハネ1・14）。

御子にあって与えられた恵みの栄光をほめたたえましょう。

**祈り**「主よ、あなたの愛する御子が与えてくださる恵みの栄光をほめたたえます」

## 189
**7月8日 ―― 1・8〜10**

**「私たちに知らせてくださいました」**

神は「みこころの奥義」を私たちに知らせてくださいました。「奥義」とは、神秘的な秘密のことではなく、歴史の中で神が徐々に明らかにしてくださった偉大なご計画のことです。神のご計画は、時が満ちて実行に移されます。しかも神は、ご自分のみこころを隠したまま行動するのではなく、私たちに明らかにしてくださったのです。

神が知らせてくださった「みこころの奥義」とは何でしょうか。

**祈り**「神よ、あなたはみこころを明らかにしてくださる方です」

## 190
**7月9日 ―― 1・11〜12**

**「神の栄光をほめたたえるためです」**

神はキリストにあって、すべての「霊的祝福」をもって私たちを祝福してくださいました（3節）。神はご自分のみこころによって、私たちを御国を受け継ぐ者とあらかじめ定めていました。何とすばらしい恵みでしょう。これは私たちの栄光のためでしょうか。いいえ。それは私たちが「神の栄光」をほめたたえる者となるためです。
あなたはキリストにどのような「望み」を置いていますか。
**祈り**「私の望みであるキリストよ、御名の栄光をほめたたえます」

**191**

**7月10日** ―― 1・13～14

**「約束の聖霊によって証印を押されました」**

ここで聖霊が登場し、話が一気に身近になります。御父の永遠のご計画と御子による贖いは、私たちが救いの福音を聞いて信じたことによって、私たちのものとなりました。そのことを保証するのが、聖霊の証印です。聖霊は、私たちが確かに神のものとされ、御国を受け継ぐ者とされたことを保証する神の「手付け金」です。
救いの保証として聖霊が与えられていることを黙想しましょう。

**祈り**「聖霊なる神の内住は、私の救いの保証です。感謝します」

**192**

**7月11日** ―― 1・15～16

**「あなたがたの信仰と……愛とを聞いているので」**

ここで注目すべきことは、エペソ（およびその近郊）の教会のクリスチャンの信仰と愛について聞くことが、パウロの感謝と祈りを生んだということです。パウロはひとりでに感謝と祈りの人になったわけではありません。ほかのクリスチャンとの交わりが、パウロを神に対する感謝と彼らのための祈りに導いたのです。
兄弟姉妹のことで、あなたが特に感謝し祈ることとは何でしょう。
**祈り**「主よ、ほかの兄弟姉妹の信仰と愛のゆえに、感謝し祈ります」

193
**7月12日** ―― 1・17～19

**「私たち信じる者に働く神のすぐれた力」**

栄光の父を知るための知恵と啓示の御霊、神の召しにより与えられる望み、聖徒が受け継ぐものの栄光、信じる者に働く神の力。この圧倒されるほどの霊的祝福を、私たちは現実のものとして信じているでしょうか。全能の神の力が私たちに働くことを期待しているでしょうか。神の栄光の富を一つももらさず味わいましょう。

神の全能の力が私たちにどう働いているか、静まって探してみましょう。

**祈り**「父よ、私の心の目を開き、あなたの栄光を見せてください」

194
**7月13日** ―― 1・20～23

**「教会はキリストのからだであり」**

19節で信じる者に働くと言っていた「神の大能の力」は、キリストのうちにも働いて、彼を復活させ、天上の神の右の座に着かせました。そして、「神の大能の力」の働きを受けたキリストを信じる私たちは、教会として一つになりました。「教会はキリストのからだ」であり、キリストは教会のかしらです（コロサイ1・18）。

あなたにとって、なぜ教会は大切なのでしょうか。教会がないと、あなたの信仰はどうなるでしょうか。

**祈り**「私をキリストのからだの一部として生かしてください」

195
**7月14日** ―― 2・1～3

**「自分の背きと罪の中に死んでいた者」**

「天上にあるすべての霊的祝福」（1・3）とは対照的に、私たちはみな、ユダヤ人も異邦人も、自分の背きと罪の中に死んでいた者でした。この世の流れに従い、自分の肉の欲に従って生きていました。私たちは、生まれながら神の御怒りを受けるべき者でした。

パウロはどうしてここで、過去の罪について語ったのでしょうか。

**祈り**「主よ、罪と御怒りから私を救ってくださり、感謝します」

**196**

**7月15日**　——　2・4〜7

**「キリストとともに」「キリストにあって」**

しかし神は、ご自分の愛と恵みのゆえに、私たちを救ってくださいました。どのようにしてでしょうか。私たちをキリストと一つにすることによってです。キリストにあって、背きの中に死んでいた私たちを、キリストとともによみがえらせ、キリストとともに生かし、キリストとともに天上に座らせてくださいました。

キリストとともによみがえり、天上に座らせてくださったという神の恵みのみわざを思い巡らしましょう。

**祈り**「父よ、キリストと一つにされた霊的現実を感謝します」

**197**

**7月16日**　——　2・8〜10

**「この恵みのゆえに」「良い行いをするために」**

私たちが救われたのは、神の恵みによります。私たちが自分の行いによって救われたのなら、誇ることができます。しかしそうではありません。救いは神の恵み、神の賜物です。しかもこの救いには目的がありました。それは「良い行い」をすることです。私たちは良い行いをするためにキリストにあって造られた「神の作品」です。

神があなたのために備えてくださった「良い行い」は、何ですか。

**祈り**「神よ、私を神の作品として、良い行いに歩ませてください」

## 198 7月17日 ―― 2・11〜13

「キリストの血によって」

エペソの異邦人クリスチャンは（そして私たちも）、かつてはキリストから遠く離れ、契約の民であるイスラエルでもなく、この世で望みもなく、神もない者でした。しかし、今では「キリストの血によって」神と和解しました（コロサイ1・20）。キリストの十字架の死によって、私たちがどれほどの恵みに入れられたかを覚えましょう。

「キリストの血」を歌った賛美歌を思い出して、賛美しましょう。

**祈り**「主イエスの十字架の血で／私はゆるされ／御神と和解をして／平安を得ました」（『リビングプレイズ』六番）

## 199 7月18日 ―― 2・14〜16

「敵意を十字架によって滅ぼされました」

十字架が私たちの敵意を滅ぼしました。キリストこそ私たちの平和です。十字架を通して、私たちは神と和解し、私たちの間の隔ての壁である敵意は打ち壊されました。もはやユダヤ人も異邦人もなく、キリストにあって両者が一つのからだであり、「新しい一人の人」に造り上げられました。

あなたはだれに対して、どのような敵意を持っていますか。その敵意がキリストの十字架によって滅ぼされたことを思いましょう。

**祈り**「主は私たちの敵意を、十字架で滅ぼしてくださいました」

## 200 7月19日 ―― 2・17〜19

「神の家族」

キリストによって、ユダヤ人も異邦人も、一つの御霊によって御父に近づくことができるのです。三位一体の神のみわざです。御父に近づくことができるとは、私たちが「神の家族」とされているということです。もはや私たちは他国人でも寄留者でも霊的孤児でもありません。神を「アバ、父」とともに呼ぶ「神の家族」なのです。

「私たちは神の家族だ」という実感を深めるために必要なことは、何ですか。

**祈り**「神よ、私たちを神の家族にふさわしく、生かしてください」

## 201 7月20日 ―― 2・20～22

**「建物の全体が組み合わされて成長し」**

私たちは要《かなめ》の石であるキリストの上に、「聖なる宮」、「神の御住まい」として建て上げられます。神の御住まいということは、神が私たちの中に住んでおられるということです。何と驚くべき恵みでしょうか。私たちは神の御住まいとして、もはや私一人だけの成長はありません。私たちは教会全体として、ともに成長するのです。

私たちの教会が「神の御住まい」であることを、思い巡らしましょう。

**祈り**「主よ、私たちの教会を、あなたの御住まいにふさわしく建て上げてください」

## 202 7月21日 ―― 3・1～4

**「私パウロはキリスト・イエスの囚人となっています」**

キリストの十字架によってユダヤ人も異邦人もともに「一つのからだ」（2・16）とされたことを語ってきたパウロは、突然自分自身に言及します。彼は異邦人が救われるために彼らにキリストの福音を伝えました。その結果、投獄されました。まさにキリストの囚人となりました。神の恵みによる務めは、苦難を伴った道でした。

あなたには今、だれかのために主から与えられた試練がありますか。

**祈り**「苦しみをも賜る主よ、苦しみを生き抜く力を私に与えてください」(ピリピ1・29参照)

**203**

**7月22日** ―― 3・5〜6

**「異邦人も共同の相続人になり」**

キリストの「奥義」は、二重の意味で驚くべき恵みです。第一はその現れ方です。この奥義は今は使徒たちと預言者たちに啓示されていますが、前の時代には人々に知らされていなかったからです。第二はその内容です。神の民ではなかった、神の約束にあずかっていなかった異邦人が、神の祝福にあずかる者になるということです。

コロサイ人への手紙1章24〜27節から、奥義についで何がわかりますか。

**祈り**「キリストにあって私も約束にあずかる者です。感謝します」

**204**

**7月23日** ―― 3・7〜9

**「福音に仕える者」**

パウロの自己理解は「福音に仕える者」でした。このことからパウロについて三つのことがわかります。(1)福音に仕える者とされたのは、神の力と恵みによることでした。(2)神の力と恵みを受けたことで高慢にならず、むしろ「最も小さな私」と思う謙遜さを教えられました。(3)「キリストの測り知れない富」に圧倒されていました。

あなたが学ぶ必要があることは、この三つのうち特にどれですか。

**祈り**「主よ、福音に仕えることの栄光と謙遜を私に教えてください」

**205**

**7月24日** ―― 3・10〜11

**「教会を通して神のきわめて豊かな知恵が」**

神の豊かな知恵は、教会を通して現されます。

キリストにあって、ユダヤ人も異邦人もともに「天上にあるすべての霊的祝福」（1・3）にあずかる者とされました。この恵みは神の「永遠のご計画」によることであり、キリストのからだである教会を通して示されるものです。教会がどれほど大切なものであるか、学び続けましょう。

あなたは教会の大切さについて、最近どのように考えていますか。

**祈り**「神よ、教会を通して、神の豊かな知恵を現してください」

**206**

**7月25日** ―― 3・12〜13

**「私が受けている苦難は、あなたがたの栄光なのです」**

パウロは異邦人に福音を伝えたために、キリストの囚人となって投獄されていました（3・1）。パウロが異邦人の救いのために苦しむことを通して、異邦人は栄光にあずかることになるのです（Ⅱテモテ2・9〜10）。だから彼の苦難を見て落胆しないように勧めています。

これはキリストご自身の態度です。ヘブル人への手紙2・10を読みましょう。

**祈り**「主よ、私の受ける苦しみを通して、栄光を現してください」

**207**

**7月26日** ―― 3・14〜16

**「内なる人」**

神の「永遠のご計画」（3・11）について語ってきたパウロは、天の父に、エペソのクリスチャンたちの「内なる人」が強くされることを祈ります。内なる人とは、私たちの人格やいのちや意識の中心を表しています。この内なる人を父なる神は、⑴ご自分の「栄光の豊かさ」にしたがって、⑵御霊によって、強くしてくださるのです。

「内なる人」を強めるために、具体的にできることとは何でしょうか。

**祈り**「父よ、栄光の豊かさで私の内なる人を強めてください」

**208**

**7月27日**――3・17～19

「**人知をはるかに超えたキリストの愛**」

どのようにしてキリストの愛を知ることができるのでしょうか。それは、「すべての聖徒たちとともに」知ることを通してです。歴史上の、そして世界中のすべてのクリスチャンとともに、キリストの愛を知ることを求めましょう。私たちはほかのクリスチャンの経験と証しを通して、キリストの愛の豊かさを知ります。同時に、キリストの愛を知るために、私の経験と証しを必要としている人もいるのです。

あなたにキリストの愛を教えてくれた人は、だれですか。

**祈り**「すべての聖徒とともに、キリストの愛を教えてください」

**209**

**7月28日**――3・20～21

「**栄光が……とこしえまでもありますように**」

キリストの愛を知ることの最終目的は何でしょうか。私たち自身が満たされることではありません。すべての霊的祝福をもって私たちを祝福してくださった神の栄光が、世々限りなくほめたたえられることです。神の栄光が現される場はどこでしょうか。教会です（21節）。教会こそキリストによって神の栄光が現される場です。

教会こそ神の栄光を現す場、という見方にあなたは同意しますか。それはなぜですか。

**祈り**「教会において、またキリストにあって、神に栄光あれ」

**210**

**7月29日**――4・1～3

「**御霊による一致を熱心に保ちなさい**」

私たちは、神の召しにふさわしく歩まなければなりません。それは謙遜、柔和、寛容、忍耐の歩みです。どれも御霊が結んでくださる実です。忘れてはならないのは、御霊による一致を熱心に保つことです。キリストが成し遂げてくださった平和と一致を御霊によって保つことを、熱心に求めましょう。一致は熱心に保つものだからです。

私たちの間で御霊による一致を保つために、妨げになっているものは何ですか。

**祈り**「主よ、私たちを御霊による一致を熱心に保つ者としてください」

## 211

**7月30日** ―― 4・4～6

**「すべてのものの父である神はただひとりです」**

私たちが一致を熱心に保たなければならない理由は何でしょう。それは、私たちの信仰の土台がすべて一致へと向かうものだからです。私たちは一つのからだ、一つの御霊、一つの望み、唯一の主、キリストに対する一つの信仰、キリストと一つになるバプテスマをみな信じています。すべての根源である父なる神は唯一の神です。

「一つの○○」の中で、あなたは何を学び直す必要がありますか。

**祈り**「すべてのものの父よ、私たちを一つに保ってください」

## 212

**7月31日** ―― 4・7～10

**「キリストの賜物の量りにしたがって」**

パウロは、キリストのからだとして一致が何よりも大切だと語った直後に、私たち一人ひとりに賜物が与えられていることを語ります。これは「一致の中の多様性」です。高く上られたキリストが、一つのからだとしての教会を建て上げるために、一人ひとりに賜物を与えたのです。

あなたには、どんな賜物が与えられていますか。

**祈り**「主が与えてくださった賜物を、私は主のために使います」

**213**

**8月1日** ―――― 4・11〜12

「**キリストのからだを建て上げるためです**」

キリストご自身が、使徒、預言者、伝道者、牧師また教師をお立てになりました。何のためでしょうか。三つの目的が12節に書かれています。(1)聖徒たちを整えること。(2)奉仕の働きをさせること。(3)キリストのからだである教会を建て上げることです。牧会の働きを通してクリスチャンが整えられ、教会を建て上げるのです。

教会を建て上げるために、主があなたに与えた働きは何ですか。

**祈り**「主よ、教会を建て上げるために、私をも用いてください」

**214**

**8月2日** ―――― 4・13

「**キリストの満ち満ちた身丈**」

私たちが目指す目標は、「キリストの満ち満ちた身丈」にまで達することです。これはキリストのからだである教会としての成長のことです（1・23）。私たちは成長と聞くと、すぐに個人の成長を連想します。しかし、クリスチャンにとって本当の成長とは、自分の成長を求める以上に教会の成長を求めることなのです。そのためには、御子に対する信仰と知識において一つになることが欠かせません。

私たち教会の成長のために、今必要な聖書の学びは何でしょうか。

**祈り**「主よ、私たちを、主の満ち満ちた身丈にまで成長させてください」

**215**

**8月3日** ―――― 4・14〜15

「**愛をもって真理を語り**」

13節の「一人の成熟した大人」となって成長した者と対比されているのが、「子ども」です。未熟な子どもの特徴は、悪巧み、欺き、悪賢い策略、偽りの教えに翻弄されることです。しかしキリストにあって成長した者は、「愛をもって真理を語り」ます。成長した者は、愛と真理に生きます。愛も真理も神ご自身の性質を表しています。成長した者は、愛と真理に生きます。
愛をもって真理を語るために、私たちに欠けていることは何でしょうか。

**祈り**「私たちの教会を、愛をもって真理を語る群れとしてください」

**216**

**8月4日** ―― 4・16

「**キリストによって、からだ全体は**」

私たちはキリストの「満ち満ちた身丈」に達することを目標にしています。しかも「かしら」であるキリストの支配によって、からだ全体は、それぞれの部分がその分に応じてつなぎ合わされて、成長していきます。この成長は機械的な拡大ではありません。愛のうちに建てられるのです。愛のないところに成長はありません。
この節の中で、私たちの教会に一番必要なことは、何でしょうか。

**祈り**「教会全体がつなぎ合わされ、愛のうちに成長しますように」

**217**

**8月5日** ―― 4・17～19

「**無知と、頑なな心のゆえに**」

私たちはもはや異邦人、つまり神を知らない者のように「むなしい心」で歩んではいけません。むなしい心で歩むとは、「神のいのち」から遠く離れていることです。神の真理に対する無知と、頑なな心のままでいることです。このような状態にいると、神のいのちがないだけでなく、欲に支配された生き方をするようになっていきます。
私たちの中に、「無知」や「頑なな心」はないでしょうか。

**祈り**「主よ、私たちの無知と頑なな心を取り除いてください」

218

**8月6日 ―― 4・20～21**

**「真理はイエスにあるのですから」**

人となって地上に来られたイエスさまにこそ、真理があります。イエスさまはご自分が真理であると証ししました（ヨハネ14・6）。私たちがクリスチャンになるとは、キリストのことを聞き、キリストにあって教えられた結果です。その一方で、キリストについて聞いていても、注意しないと、私たちは道徳的に無感覚になってしまいます。

イエスさまは、あなたの生き方をどのように変えましたか。

**祈り**「イエスさま、あなたに聞き、教えられることで、私の生き方を根本的に変えてください」

219

**8月7日 ―― 4・22～24**

**「霊と心において新しくされ続け」**

キリストの真理を本当の意味で教えられるとは、罪によって滅びる古い自分を脱ぎ捨て、キリストによって新しい自分を着ることです。これはキリストを信じるときに起こったことです。その一方で、私たちの「霊と心」は日々新たにされなければなりません。キリストによって新しくされた者は、日々心の底から新たにされるのです。

あなたの心は、主にあってどのように変えられる必要がありますか。

**祈り**「主よ、私の霊と心を御霊によって日々新たにしてください」

220

**8月8日 ―― 4・25～27**

**「怒っても、罪を犯してはなりません」**

霊と心が新しくされた生き方は、まず、「怒り」に支配されないということです。私たちの側にどのような言い分があっても、人の怒りは神の義を実現しないのです（ヤコブ1・20）。御霊が与えてくださる忍耐によって、私たちは怒りをコントロールしなければなりません。そうしないと、罪を犯したり、悪魔に機会を与えたりしてしまいます。あなたは今何に怒っていますか。それにどう対処すべきでしょうか。

**祈り**「主よ、私を、怒る者ではなく祝福する者に変えてください」

**221**

**8月9日** ―― 4・28〜30

**「神の聖霊を悲しませてはいけません」**

私たちクリスチャンは、聖霊の証印を押された者です。つまり神のものとされているのです。神のものとしてふさわしい歩みをしないとき、内住の聖霊は悲しみます。ここで言われている盗みも悪いことばも、聖霊を悲しませるものです。むしろ私たちは自分の仕事に専念し、人の成長に役立つことばを話すように、御霊の助けを求めましょう。

人の成長や徳に役立つことばを話す人を、知っていますか。

**祈り**「主よ、私を、人の成長に役立つ者、恵みを与える者としてください」

**222**

**8月10日** ―― 4・31〜32

**「優しい心で赦し合いなさい」**

赦すとは、神がキリストにおいて私たちを赦してくださったように、私たちも赦すことです。そのことに終止符を打つことです。私たちに対して行われた悪とその結果を認めながらも、それを捨て去ることです。もはやさばくことも思い起こすこともしないことです。これは私たちの力を超えた神のわざです。私たちにできることは、キリストによってどれほどの赦しを受けたかを、心に深く刻むことです。優しい心で赦し合うことを、主に祈り求めましょう。

想像してみましょう。あなたの心にある赦さない思いを主がご覧になったら、主はあなたに何と言われるでしょうか。

**祈り**「主よ、私の力では赦せません。私の心を親切で、優しく、赦す心にしてください」

**223**

**8月11日 ―― 5・1〜2**

**「愛されている子どもらしく」**

私たちが自分を一言で言うとしたら、「神に愛されている子ども」です。これが私たちの現実です。どんな試練に直面しても、神に愛されている子どもであることを決して忘れないようにしましょう。愛されたことのない者は、だれかを愛することもできません。神に愛されている者らしく、神とキリストに倣う者、愛のうちに歩む者となることを日々追い求めましょう（Ⅰコリント11・1）。

あなたが直面していることを一つ選び、「キリストならどうするだろうか」と考えてみましょう。

**祈り**「愛されている者らしく、私を主に倣う者としてください」

**224**

**8月12日 ―― 5・3〜4**

**「むしろ、口にすべきは感謝のことばです」**

「聖徒にふさわしく」歩むとは、淫らな行いや愚かなおしゃべりなど、神の民としてふさわしくないことをすべて避けることです。多くの誘惑に満ちている今の時代には、常に注意が必要です。私たちにできることは、感謝することです。感謝する心は、主に満たされます。感謝しない心は、主以外のものに向かいます。これは危険です。主が嫌われるもので自分の心を喜ばせようとするからです。

感謝できることを今、一つ見つけて、感謝しましょう。

**祈り**「主よ、感謝することが、私の生き方になるようにしてください」

**225**

**8月13日** ―――― 5・5～7

**「偶像礼拝者」**

パウロが言うことをよく注意して読みましょう。クリスチャンの中には偶像礼拝をしている人はいないはずです。しかしパウロはここで「貪る者」、すなわち自分の心の欲望のままに生きる者を「偶像礼拝者」と呼んでいます。淫らな行いのような罪を犯す者も、心の中で罪を犯す者も、キリストと神との御国を受け継ぐことができないのです。

私たちの心と行いで、罪にとらわれていることがないでしょうか。

**祈り**「主よ、私の心も行いも、御前で聖いものとしてください」

**226**

**8月14日** ―――― 5・8～10

**「何が主に喜ばれることなのかを吟味しなさい」**

私たちはキリストにあって光となりました。もう闇とは関係ありません。光の子どもとして歩まなければなりません。「善意と正義と真実」という光の実を結ぶために、私たちは「何が主に喜ばれることなのか」をいつも求め、見分けましょう。「主に喜ばれること」を見失ってしまうと、自分の思いに支配されてしまいます。

あなたが今（今週）できる「主に喜ばれること」は何でしょうか。

**祈り**「イエスさま、あなたが喜ぶことを、私も喜びます」

**227**

**8月15日** ―――― 5・11～14

**「むしろ、それを明るみに出しなさい」**

私たちは暗闇のわざや恥ずかしいことを、ひそかに、人目につかないように行います。しかし神の光は、私たちが隠れて行ったわざを明るみに出します。それは暗闇のわざを破壊して、私たちが光の子どもとして光を放つ、ふさわしい歩みをするための第一歩です。

主の光が明るみに出そうとしていることが、何かありますか。

**祈り**「主よ、あなたの光で私の心の暗闇を照らしてください」

**228**
**8月16日 ―― 5・15～17**

**「主のみこころは何であるかを悟りなさい」**

私たちは光の子どもとして歩むことに徹しなければなりません。そのために必要なことは、⑴知恵のある者として歩んでいるか細かく注意すること、⑵機会を十分に活かすこと、⑶主のみこころが何であるかを悟ること、この三つです。これらのことを心がけましょう。

上の三つのことについて、自分自身のことを点検してみましょう。

**祈り**「私を、機会を用い、みこころを悟る、知恵ある者としてください」

**229**
**8月17日 ―― 5・18**

**「御霊に満たされなさい」**

御霊に満たされるとはどういうことでしょうか。第一に、それは「御霊に満たされ続ける」ということです。御霊の導きに対して従順に従うことが、一時的なことではなく、私たちの生き方になることです。第二に、御霊の支配を受けるということです。アルコールを飲むと、アルコールに支配されます。私たちはみことばを通して、御霊の支配に従うことを求めましょう（コロサイ3・16）。

あなたが知っている「御霊に満たされた人」とは、だれですか。

**祈り**「父よ、御子の御霊で私を満たし、支配し続けてください」

**230** **8月18日**――**5・19〜20**

**「賛美し、歌いなさい」「感謝しなさい」**

それでは御霊に満たされた歩みとは、どのような歩みでしょうか。御霊に満たされると、御霊の実が結ばれます。御霊が結ぶ実は、主への賛美、神への感謝、互いに従うこと（21節）です。私たちは外面だけではなく、習慣的にでもなく、心から賛美し、感謝し、互いに従うことを求めましょう。これは確かに御霊の結ぶ実だからです。

あなたが実行できる賛美、感謝、従うことを考えてみましょう。

**祈り**「主よ、私を通して御霊の実を結び、栄光を現してください」

**231** **8月19日**――**5・21〜24**

**「妻たちよ……自分の夫に従いなさい」**

御霊に満たされ、互いに従う生き方は当然、夫と妻の関係に影響します。妻の場合は、主に従うように、夫に従うということです。しかも「すべてにおいて」（24節）従うのです。なぜなら、キリストが教会のかしらであるように、夫は妻のかしらだからです。

（妻の場合）あなたは夫に従っていますか。それはなぜでしょうか。

（夫の場合）妻はあなたに従っていますか。それはなぜでしょうか。

**祈り**「主よ、私を、主に従うように夫に従う者としてください」

**232** **8月20日**――**5・25〜27**

**「夫たちよ……妻を愛しなさい」**

キリストが教会を愛し、教会のためにご自分を献げたように、夫は妻を愛さなければなりません。ここで注意しなければならないことは、「妻を支配しなさい」とも「従わせなさい」とも命じられていないことです。妻に辛く当たってもいけません（コロサイ3・19）。夫が心がけることは、妻を愛することです。

あなたは妻を愛するために、どのようなことを心がけていますか。

**祈り**「主よ、私をキリストのように妻を愛する者としてください」

## 233

**8月21日 ―― 5・28〜30**

**「自分の妻を愛する人は自分自身を愛しているのです」**

妻を愛するとは、単なる感情ではなく、妻のために自分自身をささげるということです（25節）。これは御霊の助けによってのみ可能なことです。しかも妻を愛する者は、自分自身を愛しているのです。夫と妻は別の人格ですが、神によって一体だからです（31節）。

自分のからだのように妻を愛することを、どう実行できますか。

**祈り**「私を、自分のからだのように妻を愛する者としてください」

## 234

**8月22日 ―― 5・31〜33**

**「この奥義は偉大です」**

夫が妻を愛するとは、自分自身を愛しているのです。なぜなら、夫は妻と結ばれて、一体となっているからです。これはふたりが夫婦になったということ以上に、霊的な意味があります。夫と妻が一つになることは、キリストと教会との関係を指しているからです。

夫と妻の関係がキリストと教会を指していることについて、あなたは今までにどのようなことを教えられてきましたか。

**祈り**「夫婦関係を通してキリストと教会の関係を教えてください」

## 235　8月23日 ―― 6・1〜3

「子どもたちよ。主にあって自分の両親に従いなさい」

子どもたちは、主にあって両親に従わなければなりません。なぜなら、それが「正しいこと」であり、「主に喜ばれること」だからです（コロサイ3・20）。大切なことは、この教えが親に対して「子どもを従わせなさい」と言っているのではなく、子どもに対して「両親に従いなさい」と言っていることです。つまり子どもの従順は強制されるものではなく、子ども自身が学んでいくものなのです。

あなたが主にあって両親に従うとは、どうすることでしょうか。

**祈り**「主にあって両親に従うことを、私に教えてください」

## 236　8月24日 ―― 6・4

「父たちよ。自分の子どもたちを怒らせてはいけません」

これは子どもを甘やかしたり、機嫌を取ったりすることではありません。怒りの感情を植えつけないということです。心に怒りを持っていると罪を犯します（4・26）。さらに、子どもが怒りを持っていると、「主の教育と訓戒」によって育てようとしても、それを受け付けません。親（特に父親）として、子どもが主を信じ、主に学び、主に従うように育てるための愛と知恵と忍耐を祈り求めましょう。

子どもを怒らせないで育てていく知恵を、出し合いましょう。

**祈り**「子どもを怒らせずに教育する愛と知恵と忍耐を、私に与えてください」

## 237

**8月25日 ―― 6・5～8**

**「恐れおののいて真心から地上の主人に従いなさい」**

当時のギリシア・ローマの社会では、広く奴隷が使われていました。奴隷の中には主人を軽蔑したり、見られているときだけ働いたりする者もいたようです。しかしクリスチャンの奴隷はそのようであってはいけません。キリストのしもべ（奴隷）として、キリストに従うように、真心から主人を敬い仕えるようにパウロは勧めています。

5～8節の勧めを、私たちの職場や学校に当てはめてみましょう。

**祈り**「主よ、私を地上の主人に真心から仕える者としてください」

## 238

**8月26日 ―― 6・9**

**「彼らの主、またあなたがたの主が天におられ」**

奴隷たちが主人に対して真心から従うように、主人たちも奴隷に対して真心からふるまわなければなりません。脅してはいけません。なぜでしょうか。天におられる主は主人にとっても奴隷にとっても同じ主であり、奴隷も主人もともに主のしもべだからです。

あなたが「この人も同じ主を信じているのだ」という態度で接すべき人は、だれですか。

**祈り**「主よ、同じ主を信じる者として、互いに仕え合うことを私たちに教えてください」

## 239

**8月27日 ―― 6・10～12**

**「悪魔の策略」**

主の「大能の力」によって強められましょう。「悪魔の策略」に対して堅く立つためです。私たちの戦いは人間的なものではなく、霊的なものです。悪魔はクリスチャンをつまずかせるためにあらゆる手段を使ってきます。「神のすべての武具」が必要です。

あなたは最近、「悪魔の策略」についてどのように捉えていますか。

**祈り**「主よ、大能の力によって悪魔の策略に対抗させてください」

**240**

**8月28日** ―― 6・13〜15

**「神のすべての武具を取りなさい」**

私たちは「神のすべての武具」を取って身に着けなければなりません。なぜでしょうか。悪の力に対抗するためです。しかしそれ以上に大切なことは、堅く立って神の正義を実現し、神の真理と福音を前進させることです。神の正義と福音のために堅く立ちましょう。

神の正義と真理を実現するために、あなたは何ができますか。

**祈り**「神の正義と真理を実現するために、私を用いてください」

**241**

**8月29日** ―― 6・16〜17

**「信仰の盾」「救いのかぶと」「神のことば」**

14節から続く神の武具は真理（帯）、正義（胸当て）、福音（履物）、信仰（盾）、救い（かぶと）、神のことば（剣）です。私たちに救いを与えた信仰は、私たちを守ります。悪魔の攻撃を受けても、神に対する揺るぎない信仰が私たちに希望を与えます。神の武具はすべて神から出た賜物です。神の武具を身に着け、堅く立ちましょう。

神の武具の中で、あなたにとって特に必要なものは何ですか。

**祈り**「神よ、あなたの武具によって、私を堅く立たせてください」

## 242 8月30日――6・18～20

**「祈りなさい」「祈ってください」**

パウロは神のすべての武具による霊的な戦いについての勧めを、祈りの必要性を語って結びます。御霊に満たされ、御霊の助けによって、私たちは絶えず目を覚まして祈りましょう。「すべての聖徒のために」（18節）、福音を大胆に語れるように祈りましょう。

この箇所を読んで、あなたは祈りについて何を学びましたか。

**祈り**「主よ、私を、すべての聖徒のために祈る者としてください」

## 243 8月31日――6・21～24

**「ティキコ」**

手紙の最後に来て、やっと人の名前が出てきました。ティキコはこのエペソの手紙を持ってエペソの教会を訪ねました。ローマ世界では、手紙は普通旅人に託されました。しかしパウロは、ただ手紙を届けるだけでなく、ティキコによって自分の生の様子を伝え、またティキコによってエペソの人たちを励ましたかったのです。

ティキコは手紙をエペソ教会に届けました。あなたはエペソ人への手紙で学んだことを、だれと分かち合ったらいいでしょうか。

**祈り**「神よ、エペソ人への手紙のメッセージを必要としている人々に、私たちを通して、この真理を証しさせてください」

# ピリピ人への手紙

パウロはテモテとともに、紀元六二年頃ローマの獄中からこの手紙を書いたと言われています。マケドニア東端にあるピリピの教会は、第二次伝道旅行のときにパウロの働きによって建てられました。パウロはピリピ教会から届いた贈り物に感謝するとともに、教会内の問題に対してキリストにある喜びと一致を語ります。

**244**

**9月1日** ―― 1・1～2

**「キリスト・イエスのしもべ」**

パウロはピリピの兄弟姉妹に対して、自分のことを「キリスト・イエスのしもべ（奴隷）」であると表現しています。二つの点で彼の謙遜さが表れています。(1)神に召された使徒として権威があったパウロが、キリストのしもべとしてこの手紙を書くこと、(2)同労者テモテを、同じくキリストのしもべとして紹介していることです。

私たちも主キリストのしもべです。主は私たちがご自分のしもべとして、どのように生きることを望んでおられるでしょうか。

**祈り**「主よ、あなたのしもべとして私を生かしてください」

**245**

**9月2日** ―― 1・3～5

**「私の神に感謝して」『いつも喜びをもって祈り」**

いつも喜び、絶えず祈り、すべてのことを感謝するようにと勧めるパウロは（Iテサロニケ5・16～18）、とにかく喜び、祈り、感謝しなさいと強いたのではありません。彼自身が喜び、祈り、感謝していました。パウロの喜び、祈り、感謝は非常に具体的なものでした。それはピリピのすべての人たちのことを思うことでした。

あなたはパウロの感謝、喜び、祈りから何を学びましたか。
**祈り**「主よ、私は○○のことを思い感謝し、喜び、祈ります」

**246**

**9月3日 —— 1・6**

**「それを完成させてくださると」**

ピリピのクリスチャンのうちに「良い働き」を始められた方である神は、キリストが王の王、主の主として再臨される日までに、その働きを完成してくださいます。これがパウロの、そして私たちの確信です。神は一度始められた「良い働き」を中途半端になさる方ではありません。ご自分が定めた時までに、必ずそれを完成なさいます。
あなたのうちに神が始めた「良い働き」とは、何でしょうか。
**祈り**「神は、ご自分が始めた良い働きを完成される方です」

**247**

**9月4日 —— 1・7～8**

**「どんなにあなたがたすべてを慕っているか」**

パウロは、彼とともに神の恵みにあずかってきたピリピの人々すべてを、「キリスト・イエスの愛の心」をもって慕っていると証ししました。大切なことは、彼がピリピの兄弟姉妹「すべて」を慕っていたことです。「この人のことは慕うけど、あの人は違う」と自分の中で区別をつけませんでした。これがキリストの「愛の心」です。
「どんなにあなたがたすべてを慕っているか」というパウロのことばから、あなたは何を学びましたか。
**祈り**「主よ、私の心を、『キリストの愛の心』にしてください」

**248**

**9月5日** ―― 1・9～11

**「あなたがたの愛が……いよいよ豊かになり」**

パウロはピリピの兄弟姉妹の愛がいよいよ豊かになるように祈っていました。ここにパウロの牧会者としての姿勢が表れています。しかも愛が豊かになるということは、真の知識と識別力が加えられていく必要があります。愛は単なる感情ではないからです。私たちの愛が豊かになることによって、神の栄光が現されます（11節）。

愛が豊かになるために、あなたの祈りを必要としている人は、だれでしょうか。

**祈り**「主よ、愛が豊かになるために、私に祈りを教えてください」

**249**

**9月6日** ―― 1・12～14

**「私がキリストのゆえに投獄されている」**

パウロはキリストと福音に対する献身のゆえに投獄されていました。その結果、親衛隊にそのことが明らかになりました。さらに、兄弟たちはパウロによって主にある確信が与えられ、ますます大胆に福音を語るようになりました。試練に遭ってもパウロが主から平安と確信を得ることで、周りの人にも平安と確信が与えられました。

投獄されたパウロの平安と確信の源は、何だったと思いますか。

**祈り**「試練の時にも、主にある平安と確信で私を満たしてください」

**250**

**9月7日** ―― 1・15～18

**「党派心から」**

「党派心」からキリストを宣べ伝える人たちは、パウロをさらに苦しめようとしていました。党派心とは競争心や自己中心のことで、クリスチャンの交わりを破壊するものです。私たちは党派心の奴隷になってはいけません。その一方でパウロは、党派心からであっても、キリストが宣べ伝えられているなら、そのことを喜んでいます。

党派心に対するパウロの態度から、あなたは何を学びましたか。

**祈り**「主よ、ねたみや争いの中でも、喜ぶことを私に教えてください」

**251**
**9月8日 ―― 1・19～20**
**「私が切に期待し望んでいるとおりに」**

パウロは自分の思いと願いに囚われていたのでしょうか。いいえ。彼が切に望んでいることとは、キリストがあがめられることでした。どんな場合にも恥じることなく、大胆に語って、「生きるにしても死ぬにしても」、自分の身によってキリストがあがめられることでした。私たちも恥じることなく、大胆にキリストを語りましょう。

あなたが「切に期待し望んでいる」ことは、何ですか。

**祈り**「主よ、私の身を通しても、あなたがあがめられますように」

**252**
**9月9日 ―― 1・21～23**
**「私にとって生きることはキリスト」**

パウロは板ばさみになっていました。もし肉体のいのちが続くとしたら、彼の働きが豊かな実を結びます。しかし彼にとっては、世を去ってキリストとともにいるほうが、はるかにまさったものでした。パウロにとっては、すべてがキリストでした。生きることはキリストに仕えること、死ぬことはキリストとともにいることでした。

あなたも「生きることはキリスト」と告白することができますか。

**祈り**「主よ、私を、生きることはキリストと心から告白する者としてください」

**253**

**9月10日 ―― 1・24〜26**

**「あなたがたの信仰の前進と喜びのために」**

パウロは、この世に生きることは価値がないと言っているのではありません。キリストとともにいるという自分の願いよりも、ピリピの兄弟姉妹の「信仰の前進と喜び」のために、この世にとどまり続けることが必要だ、と確信していました。パウロの信仰生活は、自分の願いではなく、兄弟姉妹の益を最優先にしていました。

クリスチャンが自分の願いを持つことは悪いことなのでしょうか。

**祈り**「神よ、私を、兄弟姉妹の信仰の前進と喜びのために生きる者として、用いてください」

**254**

**9月11日 ―― 1・27〜28**

**「ただキリストの福音にふさわしく生活しなさい」**

私たちは、「キリストの福音にふさわしく生活しな」ければなりません。それでは、福音にふさわしい生活とはどのような生き方でしょうか。それは「一致」です。同じ教会に集まる者たちが、心を一つにして福音の信仰に立つことです。クリスチャンの一致こそが、信仰に敵対する者たちに対する最高の防御であり武器です。

私たちの教会が心を一つにするために、今必要なことは何ですか。

**祈り**「主よ、私たちの心を一つにして、福音にふさわしく生かしてください」

## 255 9月12日 —— 1・29～30

「キリストのために苦しむこと」

苦しみは、クリスチャンにとって本質的なものです。しかし私たちは今日、苦しむことの意味を見失ってしまいました。神は「キリストを信じること」だけでなく、「キリストのために苦しむこと」をも恵みとして与えたのです。ですから苦しみは、私たちが神のものとされている恵みのしるしなのです。

「キリストのために受けた恵みは……キリストのために苦しむことでもある」。このことを黙想しましょう。

**祈り**「主よ、私が苦しむとき、私があなたの恵みの中にいることを思い出させてください」

## 256 9月13日 —— 2・1～2

「同じ愛の心を持ち、心を合わせ」

「一致」について二つのことを学びましょう。第一に、一致は「実」であるということです。キリストから励ましを受け、愛され、御霊の力を受け、愛とあわれみの心が与えられているのだから、当然一致を保つことを求めましょう。第二に、一致を通してパウロの喜びが満たされるということです。パウロはピリピの人たちの喜びだけでなく、彼自身も喜びが満たされることを願っていました。ヘブル人への手紙13章17節を読みましょう。どんなことを考えさせられましたか。

**祈り**「キリストの愛と励ましで、私たちを一致に導いてください」

**257** **9月14日** ―― 2・3〜4

**「自分のことだけでなく」**

これは、自分のことを何も考えてはいけない、ということではありません。勉強や仕事で努力することや、よい結果を残すことがいけないことだということでもありません。私たちが気をつけないとすぐに利己的な思いや虚栄に陥ってしまい、ほかの人より自分がすぐれていると思ったり、ほかの人を顧みなくなったりすることを注意しているのです。

今あなたが顧みなければならない人（こと）は、だれ（何）ですか。

**祈り**「私を、自分のことだけでなく、ほかの人を顧みる者としてください」

**258** **9月15日** ―― 2・5〜8

**「キリスト・イエスの心を心とせよ」**（文語訳）

パウロは、キリストの思いとあり方をよく見て、キリストの模範に従うようにと勧めています。キリストは神であるのに、しもべの姿をとり、十字架の死にまで従われました。キリストが私たちのために、すべてのことを成し遂げてくださったのです。私たちはこのイエスさまの御姿、思い、行いに心を向け、よくよく思い巡らしましょう。

あなたが「これは自分のものだから手放せない」と思っているものは、何ですか。

**祈り**「十字架の死に至るまで従順な主を、ほめたたえます」

**259** **9月16日** ―― 2・9〜11

**「イエス・キリストは主です」**

十字架の死にまで従ったキリストを、父なる神は高く上げました。それはすべての口が、「イエス・キリストは主です」と告白するためです。これで終わりでしょうか。いいえ。「イエスは主です」という告白は、「父なる神に栄光を帰するため」のものです。御子があがめられることによって、御父に栄光が帰されるのです。

「イエスは主です」と心から告白しましょう（Iコリント12・3）。

**祈り**「イエスさま、あなたは主です。父なる神に栄光あれ」

**260**

**9月17日**――2・12〜13

**「自分の救いを達成するよう努めなさい」**

11節まで書かれていたキリストの従順を模範として、ピリピの人たちも（そして私たちも）、御父に対して従順に従い、「自分の救いを達成するよう努め」なければなりません。これは、私たちはすでに救われているのだから、救われた者として救いの実を結ぶことを全力で求めなさいということです。それを達成させてくださるのは、神です。

主があなたに結ばせようとしている救いの実は、何でしょうか。

**祈り**「主よ、私が従順を学び、救いの実を結ぶ者となるようにしてください」

**261**

**9月18日**――2・14〜18

**「不平を言わずに、疑わずに行いなさい」**

神がみこころのままに「事を行わせてくださる」という確信を持つ者には、どのような信仰生活がふさわしいのでしょうか。すべてのことを、「不平を言わずに、疑わずに（躊躇せずに、口論せずに）」行う生き方です。このような生き方を求め、心がけて歩むときに、主は私たちを「世の光」として輝かせてくださいます。

あなたの心を不平や疑いが占めていないか、吟味しましょう。

**祈り**「主よ、御霊の力によって、すべてのことを不平を言わずに、疑わずに行わせてください」

**262**

**9月19日** ―― 2・19～21

**「早くテモテをあなたがたのところに送りたい」**

ここに、クリスチャンが直接交わることの大切さが書かれています。テモテほどピリピの人々を心配している人は、パウロを除いてはだれもいませんでした。そのテモテがピリピに行くことで、ピリピの人々が励ましを受け、またテモテがピリピの人々の知らせを持ち帰ってくるとき、パウロもともに励ましを受けます。

パウロがスマホを持っていたら、それですべての用件を済ませたでしょうか。

**祈り**「主よ、私たちの交わりを通して、私たちが神の家族であることを実感させてください」

**263**

**9月20日** ―― 2・22～24

**「主にあって確信しています」**

このときパウロには、確かなことと不確かなことの両方がありました。確かなことは、テモテの忠実な働きぶりと従順さ、不確かなことは、獄中にいる自分がいつ、どうなるかわからないことでした。この板ばさみの中で、主に対する信頼と確信が勝利しました。パウロは、自分もピリピへ行けることを主にあって確信していました。

ヘブル人への手紙10章35～39節を読み、「確信」について学びましょう。

**祈り**「主よ、私を、『恐れ退いて滅びる者ではなく、信じていのちを保つ者』としてください」（ヘブル10・39参照）

## 264 9月21日 ―― 2・25～27

**「神は彼をあわれんでくださいました」**

エパフロディトは、パウロの窮乏のときに仕えるためにピリピから遣わされました。しかし彼は、死ぬほどの病気にかかりました。エパフロディトを、そしてパウロを支え救ったのは、神のあわれみでした。私たちが悲しみに遭うことは避けられません。しかしあわれみ深い神は、悲しみの中でも慰めと救いを与えてくださいます。

「神が私をあわれんでくださった」と実感した経験がありますか。

**祈り**「父よ、私が試練に遭うときにも、あなたのあわれみで支えてください」

## 265 9月22日 ―― 2・28～30

**「キリストの働きのために」**

エパフロディトは、「キリストの働きのために」、いのちの危険を冒して死ぬほどになりました。旅の途中で病気になり、いのちも危険な状態になってパウロのもとに着いたということでしょうか。確かなことは、パウロ（そしてキリスト）のために働くことは、自分のいのちをかける価値があることだ、と彼が確信していたことです。

あなたが「キリストのための尊い働き」だと思っていることは、何ですか。

**祈り**「主のために働くことの尊さに、私の目を開いてください」

## 266 9月23日 ―― 3・1～3

**「キリスト・イエスを誇り」**

ユダヤ人は、割礼を受けていない異邦人を「犬」と呼んで軽蔑していました。しかし、神は心を見るお方です（Ⅰサムエル16・7）。肉体の割礼を受けていても、キリストの福音を受け入れない者は、「心の割礼」を受けていません。自分の行いを誇るのではなく、キリストが私たちになしてくださった恵みのわざを誇りましょう。

ユダヤ人の割礼のように、あなたが誇りとしているものは何ですか。

**祈り**「主よ、私を、肉ではなくキリストを誇る者としてください」

## 267

**9月24日**――3・4〜6

**「私はそれ以上です」**

ここにパウロの現実的な自己理解が書かれています。「キリストを誇っている私に、人間的なものを頼みとする思いなど起こるはずがない」とパウロは言いませんでした。むしろ彼は、自分の内側に人間的なものを頼む思いが確かにあり、しかもその思いはほかの人以上に強いことを、はっきりと認めていました。

あなたが頼り（あるいは、心の支え）にしているものは何ですか。

**祈り**「主よ、私がどれほど人間的なものに頼っているか、私の目を開いてください」

## 268

**9月25日**――3・7〜9

**「キリスト・イエスを知っていることのすばらしさ」**

パウロは、それまで得であったものを、主キリストを知っていることのすばらしさのゆえに、すべて「ちりあくた」と思うようになりました。キリストを知ること、キリストを得ること、キリストの中にある者と認められること、義を持つことはすべて、信仰によってキリストと一つに結ばれていることを表しています。

キリストを知っていることのすばらしさのゆえに、いっさいを損、ちりあくたと思ったことがありますか。思い出してみましょう。

**祈り**「主よ、あなたを知ることのすばらしさで、私を圧倒してください」

## 269 9月26日 ―― 3・10～11

**「キリストの死と同じ状態になり」**

「キリストを知る」とはどういうことでしょうか。第一に、キリストの「復活の力」を知るということです。キリストを復活させた御父の力は、すでに私たちのうちに働いています。これをさらに体験することです。第二に、「キリストの苦難」にあずかることです。私たちがクリスチャンとして苦しむとき、それはキリストの苦しみにあずかっているのです。このように、キリストを知るとは、キリストの死と復活にあずかることです。

神が、キリストの苦しみと復活の力を教えようとしておられることが、あなたの周りにないでしょうか。

**祈り**「主よ、主の苦しみと復活の力に私をあずからせてください」

## 270 9月27日 ―― 3・12～14

**「ただ一つのこと」**

これがパウロの教えるクリスチャンの生き方です。ただひたすらキリストを知ることを、キリストの十字架の苦しみと復活の力を知ることを追求する生き方です。パウロがキリストをここまで捕らえようとする原動力は何でしょうか。キリストが彼を捕らえてくださったことです（12節）。キリストがパウロを捕らえたので、彼もキリストを捕らえようとひたすら前進しました。

12～14節の中で、どのことばが一番心に迫ってきましたか。

**祈り**「主よ、あなたをさらに深く知るために、ひたすら追求します」

## 271

**9月28日 ―― 3・15～16**

「**大人である人はみな**」

ここで「大人」とは、最も高い基準に達した人を意味します。成人や大人、あるいは成熟した人、完全な人という意味にもなります。成熟したクリスチャンとは、罪を犯さなくなった人、キリストを知り尽くした人ということではなく、14節までにパウロが語ったように、キリストを捕らえようとして追求し続ける人のことです。

あなたはクリスチャンとして、パウロが言うことと「違う考え方」をしている点がありませんか。

**祈り**「主よ、あなたを深く知ることを通して、私を成長させてください」

## 272

**9月29日 ―― 3・17～19**

「**キリストの十字架の敵**」

ピリピ教会には、キリストの十字架を信じる者がしてはいけないような生き方をしている人たちがいたのでしょう。その人たちの神は「(彼らの)欲望」でした。これは、十字架の死に至るまで従順であったイエスさまの生き方とは、まったく反対の生き方です。キリストの十字架は、欲望の奴隷になることからも私たちを解放しました。

あなたの生活の中に、「十字架の敵」になるものがありませんか。

**祈り**「主よ、私を十字架の敵ではなく、十字架を負う者としてください」

## 273

**9月30日 ―― 3・20～21**

「**私たちの国籍は天にあります**」

私たちの国籍、つまり本国は天にあります。そこから私たちの主キリストが救い主としておいでになります。私たちはそのことを信じ、待ち望んでいるでしょうか。そのとき、主は私たちの「卑しいからだ」を、「ご自分の栄光に輝くからだ」

と同じ姿に変えてくださいます。私たちはそのことを信じ、待ち望んでいるでしょうか。

国籍が天にあるということは、私たちの生き方をどう変えますか。

**祈り**「イエスさま、私はあなたの再臨を待ち望みます」

**274**

**10月1日** ―― 4・1～3

**「私の愛し慕う兄弟たち」**

パウロは、ユウオディアとシンティケに対して、一致を勧めます。おそらく何らかの不一致があったのでしょう。そのために、まず「私の愛し慕う兄弟たち」と呼びかけ、ピリピの人々に対する彼の愛を表現しています。次に、一致は「主にあって」与えられると語ります。イエスを主と告白する者たちが、愛を確認し、心を合わせて主に従うときに、一致が実現します。

あなたは今、だれに対して愛を表現する必要がありますか。

**祈り**「主よ、愛のない私を、愛を表現する者としてください」

**275**

**10月2日** ―― 4・4～5

**「いつも主にあって喜びなさい」**

パウロは、ピリピの人々に対して、喜ぶことを命じています。クリスチャンにとって、喜びとは本質的なもの、なくてはならないものです。喜びの源泉は何でしょうか。「主にあって」です。パウロが言うように、主をよく知ること、主と一つになること、主とともに歩むこと、主を身近に感じること、これが私たちの喜びの源です。

「主にあって」とは、具体的にどういうことでしょうか。

**祈り**「主よ、私を、主にあっていつも喜ぶ者としてください」

**276**

**10月3日** ―― 4・6～7

**「神に知っていただきなさい」**

私たちは信頼できる人に自分の悩みや苦しみを

相談すると、安心します。そのように、私たちは思い煩うのではなく、すべてのことを祈りの中で神に知っていただきましょう。神が私たちの思いも願いも知っていてくださり、御手の中で扱ってくださいます。神の平安が、私たちの心と思いをキリストにあって守ってくださいます。

あなたが思い煩っていることは何ですか。主に話しましょう。

**祈り**「神よ、あなたの平安で私の心と思いを守ってください」

**277**

**10月4日**　――　4・8〜9

**「心に留めなさい」「行いなさい」**

パウロはここで、私たちが何を心に留めているか、何を行っているかに注意するように警告しています。私たちの心を神さまの喜ばないこと、肉の思いを喜ばせることで満たすのではなく、ここに書かれているような良いことに向け続けましょう。また、みことばから学んだことを実行する人になりましょう。

あなたが心に留めるべきことを、できるだけ多く挙げましょう。

**祈り**「主よ、私をいつも良いことに心を留める者としてください」

**278**

**10月5日**　――　4・10〜13

**「どんな境遇にあっても満足することを」**

パウロは、「どんな境遇にあっても満足すること」を学び、「対処する秘訣」を心得ていました。これは彼の力によることではなく、彼を強くしてくださる主の力によることでした。それなら、ピリピからの贈り物は必要なかったのでしょうか。いいえ。パウロは、ピリピから届いた贈り物によって、主にある大きな喜びを得ました。

あなたは「満ち足りること」について何を学ぶ必要がありますか。

**祈り**「主の力によって、どんな境遇にも対処させてください」

**279**

## 10月6日 ―― 4・14～16

「**よく私と苦難を分け合ってくれました**」

パウロが特に喜んだのは、ピリピの人たちが彼と「苦難を分け合って」くれたことでした。実はピリピの教会は、パウロが開拓して以来、何度もパウロを援助してきました。自分たちも信仰の試練を経験しながら（1・29～30）、パウロのことを思い、パウロに愛の贈り物をしたのです。つまり苦しみを分かち合いました。

あなたは、教会の兄弟姉妹と苦しみを分かち合っていますか。

**祈り**「主よ、私を喜ぶ者と喜び、泣く者とともに泣く者としてください」（ローマ12・15参照）

**280**

## 10月7日 ―― 4・17～20

「**神が喜んで受けてくださるささげ物です**」

パウロは、ピリピの人たちからの贈り物を求めていたのではありません。彼が求めていたことは、ピリピの人たちが豊かな実を結んで、祝福を受けることでした。彼らがパウロに届けた贈り物は、神に対するささげ物でした（18節）。パウロの欠乏を補うためにささげたピリピの人たちは、神の栄光のうちにある豊かさによって必要を満たされます。

人に与えることによって、自分が豊かにされた経験がありますか。

**祈り**「主よ、私を、主にあって人を富ませる者としてください」

**281**

## 10月8日 —— 4・21〜23

**「聖徒の一人ひとりに」**

この手紙のしめくくりは、パウロとともにいるすべての聖徒たちから、ピリピにいる一人ひとりの聖徒たちへのあいさつです。これは単なる儀礼ではないはずです。手紙の送り手も受け手も、だれかを交わりから除外するのではなく、ともにキリストにある交わりにあずかる者となるのです。キリストの恵みとはそのようなものです。

あなたがピリピ人への手紙を通して受けたキリストの恵みは、何ですか。

**祈り**「主キリストの恵みが、私たちの教会の生徒の一人ひとりとともにありますように」

## テモテへの手紙 第一

パウロは紀元六二年から六三年頃、おそらくマケドニアのピリピかテサロニケからこの手紙を書きました。エペソの教会は偽教師の教えによって混乱していました。パウロはその混乱に対処するテモテに、福音の真理に立つようにと励ましのことばを送りました。

**282**

## 10月9日 —— 1・1〜2

**「神と……キリスト・イエスの命令によって」**

パウロは自分が使徒であることを、神の「みこころ」によるものだとよく語りました（Iコリント1・1）。しかしここでは神とキリストの「命令」によるものだと語ります。つまり、主がパウロに「おまえはわたしの使徒になれ」と命令したということです。彼はこの手紙で、エペソの教会に対して命令すべきことをテモテに教えます。命令すべきことを語るパウロは、彼自身が神の命令の下にいました。

神は私たちに対しても、何かを命令するのでしようか。

**祈り**「神よ、あなたが命令するものを、私にお与えください」

## 283 10月10日 ―― 1・3～4

**「違った教え」**

テモテがエペソにとどまった理由は、「違った教え」が説かれたり、「果てしない作り話と系図」に人々の心が奪われたりしないようにするためでした。「違った教え」がどのようなものであったかはわかりません。しかし、パウロが教えたのとは違うキリスト、違う福音が、「神に委ねられた信仰の務め」から教会を引き離すのです。

あなたは「違った教え」や「作り話」に心を奪われていませんか。

**祈り**「主よ、私たちを『違った教え』から守ってください」

## 284 10月11日 ―― 1・5～7

**「目標」**

違った教えや作り話のどこが問題なのでしょうか。クリスチャンとしての「目標」を見失わせてしまうことです。私たちの歩みは、明確な目標、すなわち愛に向かって進む歩みです。「私の内には愛がない」と思う人もいるでしょう。そのとおり。自分の力で愛し抜ける人はいません。だからと言って、愛を目標とすることまでやめてしまうことのないようにしましょう。愛は御霊の実だからです。

一人の人を思い描き、その人を愛する力を主に求めましょう。

**祈り**「主よ、私が愛という目標を見失わないよう守ってください」

## 285

**10月12日** —— 1・8〜11

**「健全な教え」**

「違った教え」を説く者たちは、自ら律法の教師でありたいと望みました。しかし、律法は「健全な教え」に反する行為のためにあるのです。何が罪かを教え、抑制するためです。祝福に満ちた神の栄光の福音にそむく者は、律法に反する行いに向かいます（9〜10節）。健全な教えからはずれる者は、行いで神のことばを否定します。

9〜10節で、あなたの罪を指摘している律法はありませんか。

**祈り**「主よ、律法によって罪を教え、福音によって生かしてください」

## 286

**10月13日** —— 1・12〜14

**「私たちの主の恵みは」**

主の恵みは、私たちにますます満ちあふれます。パウロはこのことを、クリスチャンを迫害していた過去の自分の経験に基づいて証ししています。主はパウロを召したように、私たちのことも召し出してくださいました。しかも主はパウロを「忠実な者」と認めたように、私たちのことをも「忠実な者」と認めてくださったのです。何と驚くべき恵みでしょうか。

主の恵みが私たちに満ちあふれていることを、黙想しましょう。

**祈り**「主よ、満ちあふれている恵みに、私の目を開いてください」

## 287

**10月14日** —— 1・15〜17

**「先例／見本」**

パウロは「私は罪人のかしらでした」とは言わず、「罪人のかしらです」と現在形で語っています。罪人のかしらである自分のことをも救ってくださったキリストの恵みが私に満ちあふれている、と彼がいつも確信し実感していたからでしょう。キリストの救いの恵みを確信するパウロは、まさに神のあわれみと寛容の「先例／見本」なのです。

パウロは自分を「罪人のかしら」、あわれみと寛容の「先例／見本」だと理解していました。あなたは自分のことを、何と言い表しますか。

**祈り**「主よ、罪人のかしらである私を、あわれみの先例／見本にしてください」

**288**

## 10月15日 ―― 1・18～20
## 「立派に戦い抜くためです」

パウロは、偽教師たちが説く「違った教え」に対して、「信仰と健全な良心」を保つために立派に戦い抜くことを、テモテに対して命じています。これはテモテに対して以前なされた預言に従った命令でした（この預言がどのようなものであったかは書かれていませんが）。私たちは、信仰と健全な良心のために戦わなければなりません。

あなたは今、信仰のためのどのような戦いに直面していますか。
**祈り**「主よ、信仰のために立派に戦い抜く力を、私に与えてください」

**289**

## 10月16日 ―― 2・1～3
## 「王たちと高い地位にあるすべての人」

「違った教え」と戦うために最初にすべきことは、「すべての人」のために祈ることです。「すべての人」とは、国の指導者や政治の世界の人々のことも含みます。なぜそのように祈るのでしょうか。第一に、私たちがクリスチャン生活を全うできるためです（2節）。第二に、神は「すべての人」の救いを望んでおられるからです（4節）。

国の指導者を思い浮かべて、彼らのために祈りましょう。

**祈り**「主よ、この国の指導者が救われ、あなたの正義を行いますように」

290 10月17日――2・4～7

**「神は唯一です」「すべての人の贖いの代価」**

ここに「唯一」と「すべて」がバランスよく書かれています。神は唯一であり、神と人との仲介者も唯一キリストです。キリストは、「すべての人の贖いの代価」として、ご自分をお与えになりました。唯一の神はすべての人の神、唯一の仲介者キリストは、すべての人の救い主です。それゆえ神は、すべての人の救いを望んでおられます。

あなたが「この人は救われない」と思っている人は、だれですか。

**祈り**「唯一の神よ、私をも唯一の救い主キリストを伝える者としてください」

291 10月18日――2・8

**「男たちは怒ったり言い争ったりせずに」**

当時のユダヤ教でもキリスト教でも、祈るときは手を上げて祈っていたようです。テモテがいたエペソの教会では、偽教師の影響で、礼拝のために集まっても、「怒ったり言い争ったり」していたのかもしれません。「きよい手を上げて祈る」とは、祈りの形や姿勢よりも、怒りや言い争いを捨てて心から神に祈るようにとの勧めです。

あなたの祈りを妨げている怒りや言い争いはありませんか。

**祈り**「主よ、私を怒りや言い争いから解放し、心から祈る者としてください」

292 10月19日――2・9～10

**「神を敬うと言っている女たちにふさわしく」**

当時は、結婚した女性が人前で着飾ることは、妻として不従順でふしだらなことだと考えられていました。しかもエペソの教会では、自由奔放で罪に陥るような女性たちがいたようです（5・11、Ⅱテモテ3・6）。外面を飾ることや男性をひきつける魅力ではなく、神を敬う女性にふさわしい「良い行い」こそ、本当の美しさです（5・10）。
神を敬う女性にふさわしい良い行いとは、どのようなものでしょうか。

**祈り**「主よ、神を敬う者としての良い行いを、行わせてください」

**293**

**10月20日** ―― 2・11〜15

**「よく従う心をもって静かに学びなさい」**

パウロは、「女はただ黙っていて何も言うな」と教えているのではありません。おそらくエペソには、誤りを教える教師の影響で、教会の教えに従わず、教会を混乱させる女性がいたのでしょう。妻や母としての役目を軽んじる人もいたのかもしれません。パウロが勧めるのは、神を敬う女性にふさわしい慎みと信仰と愛と聖さです

慎みと信仰と愛と聖さ、あなたに欠けているものは何ですか。

**祈り**「主よ、私のうちに慎みと信仰と愛と聖さを増してください」

**294**

**10月21日** ―― 3・1〜3

**「ですから監督は、非難されるところがなく」**

ここで教会の監督（長老）について書かれていることは、この手紙に出てくる偽教師の特徴と対照的なものです。第一に、監督の役目ではなく資質が書かれています。第二に、ほとんどのことが他人から見てわかる行いであることです。第三に、特にキリスト教的なものではなく、社会的・常識的に見ても指導者に必要な資質です。

パウロはここで、なぜ「愛、喜び、平安」等ではなく、常識的な資質を挙げているのだと思いますか。

**祈り**「主よ、私たちに御霊の実も、常識的な徳も、増し加えてください」

**295**

**10月22日** ―― 3・4～7

**「自分自身の家庭」「神の教会」**

ここでは三つのことが言われています。自分の家庭を治め教会の世話をすること、信者になったばかりの人ではないこと、教会外の人々にも評判の良いことです。私たちの家庭や社会での生き方は、私たちの信仰生活と深い関係があります。教会の監督には、その意味で成熟した信仰が求められます。そのためにみなで祈りましょう。

牧師のために、私たちは具体的に何を祈るべきでしょうか。

**祈り**「主よ、牧師の信仰も生活も、御手によって支えてください」

**296**

**10月23日** ―― 3・8～10

**「きよい良心」「信仰の奥義」**

監督（長老）と同様に執事についても、行わなければならない役割ではなく、執事に必要な資質が書かれています。特に「きよい良心をもって、信仰の奥義を保っている人」でなければなりません。監督のように「教える能力」については書かれていませんが、キリストについての奥義は明確に理解し、保っていなければなりません。

「非難される点がなければ」（10節）とありますが、完全無欠な人などいません。それではどのように判断したらいいのでしょうか。

**祈り**「主よ、私の弱さを主の力で補い、あなたに仕えさせてください」

**297**

**10月24日** ―― 3・11～13

**「強い確信を持つことができるのです」**

執事としての務め、すなわち奉仕の働きを立派に果たした人は、どのような報いを得るでしょうか。第一に、「良い地歩」を占めること、つまり教会の中での良い評判と影響を持ちます。第二に、キリストを信じる信仰について「強い確信」を持つことができます。神と人の前で、大胆かつ開かれた心で語り、歩む者とされます。

あなたは、どのようなことで兄弟姉妹に仕えることができますか。

**祈り**「主よ、私を、兄弟姉妹に仕える者として歩ませてください」

**298**

**10月25日** ——— 3・14〜16

**「真理の柱と土台である、生ける神の教会」**

パウロはこの手紙を通して、神の家すなわち教会でどのように行動することがふさわしいかを、テモテに知らせました。ここでパウロは、「教会とは何か」という問題に立ち返ります。教会とは「真理の柱と土台」です。教会はキリストの真理の上に建て上げられます。福音の真理、敬虔の奥義を学び、そこに堅く立ちましょう。

教会が立つべき真理として大切なことを、挙げてみましょう。

**祈り**「主よ、あなたの真理の上に、私たちの教会を建て上げてください」

**299**

**10月26日** ——— 4・1〜5

**「神が造られた物はすべて良いもので」**

エペソの教会では偽教師の教え（すなわち「悪霊の教え」）に心を奪われて、信仰から離れる人がいました。結婚を禁じたり、食物を断つことが命じられたりしていました。しかし神が造ったものはすべて良いものです（創世1章）。私たちはそれを感謝して受けるのです。偽りの教えによって、神の恵みを無駄にしないようにしましょう。

神が造った良いものなのに、無駄にしているものはないでしょうか。

**祈り**「神よ、あなたが造った世界は、良いもので満ちています。感謝します」

**300**

**10月27日** ―― 4・6〜8

**「敬虔のために自分自身を鍛錬しなさい」**

パウロはテモテに対して、「敬虔のために自分自身を鍛錬」するようにアドバイスします。敬虔とは、自分自身を神にささげた生き方のことです。敬虔は自然に身につくものではありません。鍛錬（訓練）が必要です。すなわち、「信仰のことば」である福音を学び、御霊の助けによって、良い教えのことばに養われることです（6節）。

あなたは「敬虔」のために、どのような鍛錬が必要ですか。

**祈り**「主よ、私を敬虔な者、福音に養われた者としてください」

**301**

**10月28日** ―― 4・9〜12

**「信者の模範となりなさい」**

年が若いテモテは、彼より年長者がいて、しかも偽教師がいる中で軽く見られないために、ことば、態度、愛、信仰、純潔において模範となるように命じられました。教会で教える者は、神の恵みと御霊の力によって兄弟姉妹の模範となることを祈り求めなければなりません。

あなたの模範はだれですか。あなたはだれの模範になっていますか。

**祈り**「主よ、私の評判のためではなく、あなたの働きのために、私を信者の模範としてください」

**302**

**10月29日** ―― 4・13〜14

**「あなたのうちにある賜物を」**

パウロはテモテに対して、エペソの教会で「聖書の朗読と勧めと教え」、すなわちみことばを語ることに専念するように命じました。なぜなら、みことばを説き明かすことがテモテに与えられた「聖霊の賜物」だったからです。私たちも、与えられている聖霊の賜物を用いて、教会を建て上げるのです。

あなたには、どのような賜物が与えられていますか。

**祈り**「主よ、教会を建て上げるために、私にも賜物を与えてください」

303
## 10月30日 ―― 4・15～16
**「自分自身にも、教えることにも」**


パウロは、みことばを説き明かす務めに専念することをテモテに命じた最後に、注意を促します。それは、「自分自身にも、教えることにも」、よく気をつけることです。人を教える者は、自分自身がその教えに基づいて歩んでいるか、主の前で問われなければなりません。その上で、聖書の真理を教え続けなければなりません。

あなた自身と、あなたが教えていることを、吟味してみましょう。

**祈り**「主よ、私自身と私が語ることを、みことばによって探ってください」

304
## 10月31日 ―― 5・1～2
**「年輩の男の人を叱ってはいけません」**


パウロは教会にいるさまざまな人、お年寄り、若い人、年配の婦人、若い女性たちに対して、具体的にどのように接していくかを教えています。それぞれの人に対して愛と尊敬をもって接することで、年が若いからといって軽く見られず、信者の模範となります。

あなたは人との接し方について、ここから何を学びましたか。

**祈り**「主よ、兄弟姉妹に愛と尊敬の心で関わらせてください」

**305**

**11月1日 ―― 5・3〜4**

**「親の恩に報いること」**

ここから「やもめ」に関する勧めが始まります。パウロは、やもめに子どもや孫がいるなら、その者たちが彼女の面倒を見なければならないと語ります。なぜでしょうか。「親の恩に報いる」とは、義務感や世間体のためではありません。そうすることが敬虔な生き方の実践であり（「敬愛を示して」）、「神の御前に喜ばれること」だからです。

親の恩に報いることを、敬愛の実践や神に喜ばれることという点から、考え直してみましょう。

**祈り**「主よ、私に、親の恩に報いることを教えてください」

**306**

**11月2日 ―― 5・5〜8**

**「不信者よりも劣っているのです」**

ここで言う「本当のやもめ」とは、身寄りがなく、敬虔な歩みをしている者のことです。すなわち、「望みを神に置いて、夜昼、絶えず神に願いと祈りをささげて」いる者のことです。その一方で、自分の家族にやもめがいても顧みないなら、その人は信仰を否定しているのと同じです。それは不信者よりも劣っているのです。

教会の年配の姉妹たちに対して、どんな配慮が必要でしょうか。

**祈り**「主よ、私たちに、心から年配の姉妹を配慮することを教えてください」

**307**

**11月3日 ―― 5・9〜10**

**「良い行いによって認められている人」**

本当のやもめとは、「良い行いによって認められている人」、すなわち、家庭を重んじた人（「一人の夫の妻であった人」、「子どもを育て」）、ほかの人々をもてなした人（「旅人をもてなし」、「聖徒の足を洗い」、「困っている人を助ける」）です。

聖書の時代と今日では、女性の役割や社会的地位は異なります。違いはあるとしても、家庭を重んじることと人々をもてなすことは、変わらず大切なことです。

あなたはどのようにして家庭を重んじ、また人をもてなせますか。

**祈り**「主よ、私を、家庭を重んじ人をもてなす者としてください」

**308**

## 11月4日 ―― 5・11〜13

## 「キリストに背いて情欲にかられると」

若いやもめの問題点は、情欲にかられると、キリストに背いてまで、あるいは初めの誓い(信仰)を捨ててまで結婚をしたがることです。さらに怠け、家々を遊び歩き、クリスチャンとして話すべきではないことまで話すようになります。これは本当のやもめに期待されている「良いわざ」とはまったく逆の態度です(10節)。

主に背くことにつながる思いが、心の内にないか吟味しましょう。

**祈り**「主よ、あなたに背いて情欲にかられる罪から、私をお守りください」

**309**

## 11月5日 ―― 5・14〜16

## 「その人がそのやもめを助けて」

パウロはここで、若いやもめが道を踏み外さないために、再婚を勧めています。その一方で、個々のクリスチャンも教会も、助けを必要としている人を配慮し、世話をするように命じています。「私は助けを必要としている人を配慮しているだろうか」と心の責めを感じない人は、だれもいません。今日、できることから始めましょう。

家庭や教会で、助けを必要としている人はいないでしょうか。

**祈り**「主よ、私たちに、助け合うことの幸いを教えてください」

**310**

**11月6日 ―― 5・17～19**

**「みことばと教えのために」**

長老はよく指導の働きに当たらなければなりません。兄弟姉妹に配慮し、治めなければなりません。特に、「みことばと教え」によって兄弟姉妹を養うのです。エペソの教会を混乱させていた偽教師たちの存在を考えると、みことばと正しい教えによって兄弟姉妹を養い育てることが、どれほど大切であるかがわかります。

Ｉペテロ2章1～3節を読みましょう。何を教えられましたか。

**祈り**「主よ、みことばと健全な教えによって、教会を建て上げてください」

**311**

**11月7日 ―― 5・20～22**

**「先入観なしに」「えこひいきせずに」**

パウロは教会内の事柄（特に罪の問題を扱うこと）を、神とキリストと御使いの前で行うように命じています。教会は厳粛な場所だからです。私たちは先入観やえこひいきに左右されやすい者です。ですから、教会内で重要な決定をするときは、先入観なしに、えこひいきがないように、細心の注意と祈りと聖霊の助けが必要です。

あなたは先入観やえこひいきにとらわれていないか、祈りのうちに探ってみましょう。

**祈り**「神よ　私を探り　私の心を知ってください」（詩篇139・23）

**312**

**11月8日 ―― 5・23～25**

**「ある人たちの罪は」「良い行いも」**

私たちが神の臨在のもとにいるという厳粛さは、罪と良い行いの両方について当てはまります。罪も良い行いも、すぐに明らかにならなくても、あとで明らかになり、隠れたままでいることはありません。罪も良い行いも、神の目には明らかです。

神の目に明らかなことは、やがて人の目にも明らかになります。

Ⅰコリント4章5節、Ⅱコリント5章10節を読んで、考えましょう。

**祈り**「主よ、私たちは御前に生きています。あなたを恐れます」

## 313

### 11月9日 —— 6・1〜2

**「これらのことを教え、また勧めなさい」**

新約時代の奴隷とアメリカの奴隷制度は、まったく異なるものです。パウロは奴隷であるクリスチャンに対して、主人を十分に尊敬すること、主人が信者ならますます尊敬して、よく仕えるように勧めています。私たちはほかの人から教えられたり、勧められたりすることを好みません。しかし教会では、正しい教えと勧めが欠かせません。

あなたの教会にとって必要なのは、どんな教えや勧めでしょうか。

**祈り**「主よ、私たちの心を、主の教えと勧めを喜ぶ心としてください」

## 314

### 11月10日 —— 6・3〜6

**「満ち足りる心を伴う敬虔こそが」**

違った教えを教える者も、それを信じる者も、私たちの主キリストの教えに反しているのです。そのような人たちは、結局、信仰生活や教会生活を、自分にとっての利益を得るための手段にしているのです。しかし、私たちにとっての本当の益は、「満ち足りる心を伴う敬虔」です。すなわち、キリストにあって満ち足りることです。

「満ち足りる心を伴う敬虔」とは、どのような生き方でしょうか。

**祈り**「主にあって満ち足りる心と敬虔さを、私に与えてください」

**315**

**11月11日 —— 6・7〜10**

「**金銭を愛することが**」

お金に対する私たちの態度は、私たちが何を大切にして生きているかを表します。もちろん、私たちが生活していくうえで、お金は必要です。しかし、お金を追い求めることには、多くの誘惑と罠が伴います。7節にあるとおり、私たちは何もこの世に持って来なかったし、何かを持って出ることもできません（ヨブ1・21参照）。

この箇所から、お金に対する態度について何を教えられましたか。

**祈り**「主よ、お金から来る誘惑と罠から、私を守ってください」

**316**

**11月12日 —— 6・11〜14**

「**信仰の戦いを立派に戦い**」

パウロはテモテに対して、信仰の戦いを立派に戦うように命じます。信仰の戦いには、偽りの教えという外からの敵と、欲望という内からの敵があります。これらのことを避けながら、義、敬虔、信仰、愛、忍耐、柔和を熱心に追い求めましょう。あなたは今、どのような信仰の戦いに直面していますか。

**祈り**「主よ、御霊の力によって、私に信仰の戦いを立派に戦わせてください」

**317**

**11月13日 —— 6・15〜16**

「**この方に誉れと永遠の支配がありますように**」

14節から続いて、パウロは主イエスさまの現れ（再臨）について語ります。主の再臨は、父なる神ご自身が良しとされるときに実現します。まさに父なる神の主権のうちにあることです。この主権者、王の王、主の主、不死なる方、光の中に住む方、見ることのできないお方である神に対する賛美へと、パウロは私たちを導いています。

15～16節のパウロのことばを用いて、神を賛美しましょう。

**祈り**「主に誉れと永遠の支配がありますように。アーメン」

**318**

**11月14日 ―― 6・17～19**

**「喜んで分け与え」**

これはもちろん、自分自身の物を持つことや、持ち物を大切にする必要はないということではありません。私たちは独り占めするのではなく、惜しまずに、喜んで人のために用い、分け合うために、神から豊かな祝福を与えられています。本当に富んでいる人とは、たくさんのお金や物を持っている人ではなく、たくさん分け合う人です。

あなたが人と分け合うために主から与えられたものは、何ですか。

**祈り**「主よ、私に、主の祝福を人と分かち合う幸いを教えてください」

**319**

**11月15日 ―― 6・20～21**

**「委ねられたものを守りなさい」**

主にあって自分に委ねられたものを忠実に守ることが、パウロがテモテに対して最後に念を押したことでした。テモテに委ねられたものとは何でしょうか。それは偽教師たちと戦い、ことば、態度、愛、信仰、純潔において信者の模範となるという務めです（4・12）。

私たちが主から委ねられているものは、何でしょうか。

**祈り**「主よ、あなたが私に委ねたものに、忠実に歩ませてください」

## テモテへの手紙 第二

パウロは紀元六四年頃、ローマの獄中からこの手紙を書きました。キリストに忠実であるようにとテモテに語りつつ、自分のもとに早く来るようにも訴えています。

320

## 11月16日――1・1～2

「神のみこころにより」

この書はパウロが生涯の最後に書いた手紙です。第一の手紙でパウロは、自分が神とキリストとの「命令」によって使徒になったと言いました。ここではパウロは、ほかの手紙（Ⅰ・Ⅱコリント、エペソ、コロサイ）でよく用いた「神のみこころ」によって使徒になったと語ります。この世の歩みの最後まで、パウロは自分のことを、「神のみこころ」により使徒とされたのだと確信していました。

「私は神のみこころによる○○だ」。「○○」に何を入れますか。

**祈り**「主よ、私の生涯はあなたのみこころのうちにあります」

321

## 11月17日――1・3～5

「祖母ロイスと母ユニケ」

ここで重要なのは、信仰は受け継ぐものだ、ということです。もちろん私たちは、クリスチャンホームで育ったとしても、自分自身でキリストを信じなければなりません。しかしテモテの「偽りのない信仰」は、祖母ロイスと母ユニケによって育まれたものだということも事実です。祖母と母がテモテの信仰形成に重要な役割を果たしました。あなたはだれから信仰を受け継ぎ、だれに信仰を継承していますか。

**祈り**「主よ、私を通しても、信仰が受け継がれていきますように」

322

## 11月18日――1・6～8

「臆病の霊ではなく」

神がテモテに（そして私たちに）与えてくださ

ったのは、「臆病の霊」ではなく、「力と愛と慎みの霊」です。ここで言う「霊」の意味は、人間の霊にも神の御霊にも取れます。しかしクリスチャンにとって力と愛と慎みは、明らかに聖霊が与えてくださるものです。私たちに与えられている聖霊なる神の働きを信じ、期待しましょう。
あなたは今、何かに対して臆病になっていますか。それはなぜですか。

**祈り**「主よ、御霊によって私に力と愛と慎みをお与えください」

## 323

**11月19日** ―― 1・9〜11

**「ご自分の計画と恵みによるものでした」**

私たちがキリストを信じて救われたということは、私たちが確かに神の「計画と恵み」の中にいるということです。神は私たちを永遠の昔からキリストにあって選んでくださいました。キリストは十字架の死と復活によって死を滅ぼしてくださいました。
私たちが神の計画と恵みの中にいることを、思い巡らしましょう。

**祈り**「主よ、あなたの計画と恵みによって救われた幸いのうちを、私に歩ませてください」

## 324

**11月20日** ―― 1・12〜14

**「私は自分が信じてきた方をよく知っており」**

パウロは、福音のために苦しみにあうことを、恥とは思いませんでした。それはパウロが、自分が信じてきた主キリストをよく知っていたからでした。パウロに委ねられた福音を、キリストは最後まで守ってくださる方だということを、パウロは確信していました。パウロは自分に委ねられた福音を、テモテに委ねました。
キリストをより深く知るために必要なことを、挙げてみましょう。

**祈り**「主をより深く知り、福音を誇る者へと私を造り変えてください」

**325**

**11月21日 ―― 1・15〜18**

**「恥と思わず」**

パウロはこのとき、非常な孤独と試練の中にいたのでしょう。アジア（おそらくエペソ）でパウロが伝えた福音から離れる人、あるいはパウロ投獄の知らせを聞いて、彼のことを恥じる人たちがいたからです。その中でオネシポロは違いました。彼はローマの牢獄にいたパウロを探し出し、恥じることなく、パウロを元気づけたのです。

あなたの励ましと助けを必要としている人がいないでしょうか。

**祈り**「友なる主よ、私を、孤独の中にいる人を励ます者としてください」

**326**

**11月22日 ―― 2・1〜2**

**「信頼できる人たちに委ねなさい」**

パウロはテモテに対して、彼から聞いた「健全なことば」を手本とし、それを守り抜くように命じていました（1・13〜14）。ここでは、その「健全なことば」を、他の人にも教える力のある信頼できる人たちに委ねるように語ります。私たちは聖書の「健全なことば」を教える力と、他の人に実際に教える機会を祈り求めましょう。

2章2節に基づくと、あなたはどのように祈る必要がありますか。

**祈り**「主よ、私をほかの人にも教える忠実な者としてください」

**327**

**11月23日 ―― 2・3〜7**

**「労苦している農夫こそ」**

1章8節に続いて、パウロはテモテに対して、福音のために「私と苦しみをともにしてください」と語ります。兵士も競技者も農夫も、最後に得られるもの（勝利、栄冠、収穫）を目指して、労苦もいとわず身をささげます。テモテもキリストの福音のために自分をささげて、彼と苦しみをともにするようにと、パウロは訴えます。

あなたが兵士や競技者や農夫の労苦から学ぶことは、何ですか。

**祈り**「主よ、あなたのために苦しむ誉れを、私に教えてください」

**328**

**11月24日** ―― 2・8～10

「**私は……選ばれた人たちのために**」

パウロは、とにかく苦しみを耐えなさいと言っているのではありません。福音のために受ける苦しみを、神のみわざというもっと広い視野の中で受け止めるように勧めます。(1)ダビデの子孫であり死者の中から復活したキリストをいつも思うこと、(2)私たちの苦しみは、神に選ばれた人たちの救いにつながるということです（10節）。

あなたは今、福音のためにどのような苦しみを受けていますか。

**祈り**「主よ、福音のために受ける苦しみが、やがて実を結びますように」

**329**

**11月25日** ―― 2・11～13

「**キリストは常に真実である**」

パウロは福音のために受ける苦しみを耐え忍ぶようにと、テモテに語ってきました。しかし、もし私たちが真実でなく、不従順になるようなことがあったとしても、主は真実な方であり続けます。主が真実でなくなるということは、主なる神のご性質に反することだからです。主が常に真実なる方であることに拠り頼みましょう。

キリストは常に真実であるということを、思い巡らしましょう。

**祈り**「主よ、変わることのないあなたの真実こそ、私たちの希望です」

330
**11月26日――2・14〜15**

「**ことばについての論争などをしないように**」

偽教師たちは「ことばについての論争」をしていました。それは何の益にもならず、聞いている人々を滅ぼすだけです。そのようなことが教会であってはなりません。ことばの争いなどをしないように、教会は神の御前で厳かに命じなければなりません。教会は「真理のみことば」がまっすぐに説き明かされる場なのですから。

ことばの論争をしないために、気をつけるべきことは何ですか。

**祈り**「主よ、私たちを無益なことばの論争から守ってください」

331
**11月27日――2・16〜18**

「**彼らは真理から外れてしまい**」

パウロは続けて、偽教師たちの「俗悪な無駄話」を避けるように命じます。なぜなら、彼らの話は真理から外れているからです。パウロが伝えた（そして私たちが聖書から学ぶ）真理から外れることは、恐ろしいことです。真理から外れると、復活について誤りを教え、人々の信仰をくつがえすほどの悪影響を与えるからです。

私たちが話すことで、聖書の真理から外れたことはないですか。

**祈り**「主よ、私たちが真理から外れないように、守ってください」

332
**11月28日――2・19〜21**

「**神の堅固な土台**」

「私たちが真実でなくても、キリストは常に真実である」（2・13）ということが、私たちの希望の土台でした。同様に、偽教師たちの悪影響がどれほど強くても、「神の堅固な土台」は決して揺らぐことがありません。「神の堅固な土台」には、「主はご自分に属する者を知っておられる」、「主の御名を呼ぶ者はみな、不義を離れよ」と刻まれています。

この二つの「神の堅固な土台」から、何を学びましたか。

**祈り**「主よ、『わたしはおまえを知っている』と言ってくださり感謝します」

**333**

**11月29日**――2・22～23

**「きよい心で主を呼び求める人たちとともに」**

パウロは「義と信仰と愛と平和」を追い求めるように勧めます。これは、テモテ自身が追い求めるものであると同時に、「きよい心で主を呼び求める人たち」、すなわち神を真心から礼拝する人たちとともに追い求めるようにという勧めです。

教会は、偽りの教えと戦うとき、神を心から礼拝する者たちが愛と平和を熱心に追い求めることによって戦うのです。

教会が神を心から礼拝するために、何を学ぶ必要があるでしょうか。

**祈り**「主よ、私たちの教会を、真心からあなたを礼拝し、愛と平和を追い求める群れとしてください」

**334**

**11月30日**――2・24～26

**「主のしもべが争ってはいけません」**

主のしもべは、主の尊い働きに使われる器となることを求める者ですから、争ってはいけません。むしろすべての人に対して優しくし、反対者に対しても柔和な心で教え導かなければなりません。なぜなら、それが主のしもべにふさわしい態度だからです。さらに、それによって反対者に悔い改めの心が与えられるかもしれないからです。

24～26節で、特にあなたが学ぶ必要のあることは何ですか。

**祈り**「主よ、すべての人に優しく接し、柔和に教え導くことを、私に教えてください」

335

**12月1日** ―――― 3・1～5

「**見かけは敬虔であっても**」

終わりの日がどんな困難な時代になるか、パウロは罪と悪の一覧を挙げます。これを見ると、「どこが『見かけは敬虔』なのだろうか」と思います。心の中も外見上も不敬虔としか言いようがありません。おそらく偽教師たちと彼らに従う者は、このような悪を行いながら、自分たちこそ敬虔な者だと主張していたのでしょう。

ここに書かれたことが心にないか、祈りのうちに探ってみましょう。

**祈り**「主よ、自分を欺く罪から、私を守ってください」

336

**12月2日** ―――― 3・6～9

「**真理に逆らっており**」

パウロは、偽教師たちを出エジプトのときの呪法師（魔術師）たちになぞらえて語ります（「ヤンネとヤンブレ」は、ユダヤ教伝承によるエジプトの呪法師の名）。呪法師のように、偽教師たちも真理に逆らい、知性が腐った、信仰の失格者です。偽教師の愚かさは、エペソ教会が真理を学び、真理に立つことをとおして明らかになります。

あなたが知らないうちに陥っている「愚かさ」はないでしょうか。

**祈り**「主よ、私たちを、主の真理を学び、真理に立つ者としてください」

337

**12月3日** ―――― 3・10～13

「**敬虔に生きようと願う者はみな**」

キリストにあって敬虔に生きようと願う者はみな、迫害を受けます。キリストにあって敬虔に生きるとは、キリストの弟子として真実な生き方をすることです。キリストの弟子は、主キリストご自身と同じように、迫害を受けます（マタイ5・

11〜12）。私たちも、信仰とともに、キリストのための苦しみをも恵みとして受けたのです（ピリピ1・29）。

あなたが、キリストにあって敬虔に生きることを妨げているものは、何かありますか。

**祈り**「主よ、私を、キリストにあって敬虔に生きる者としてください」

**338**

**12月4日**――3・14〜15

「**幼いころから聖書に親しんで来たことも**」

私たちの信仰の確信について、ここに大切なことが二つ書かれています。第一に、それをだれから学んだかということです。私たちに真理を証しした人たちの信仰と人格のすべてが、私たちの信仰を養ったのです。第二に、幼いころから聖書に親しむことです。ユダヤ人の家庭では、男の子は五歳から律法を教えられていました。

あなたの家庭や教会で、子どもが聖書に親しむために、どんなことができるでしょうか。

**祈り**「主よ、教会の子どもが幼いときから聖書に親しめますように」

**339**

**12月5日**――3・16〜17

「**聖書はすべて神の霊感によるもので**」

ここに「聖書とは何か」ということについて、非常に大切なことが書かれています。第一に、聖書はすべて「神の霊感」によるもの、つまり人間のことばで書かれた神のことばです。第二に、聖書は私たちを教え、戒め、矯正し、義の訓練をするために有益です。第三に、聖書の目的は、私たちを主の良い働きのために十分に整えられた者とすることです。

あなたは、主の働きのためにどんな聖書の学びが必要ですか。

**祈り**「主よ、みことばによって、私を主の働きのために整えてください」

**340**

**12月6日** ―― 4・1～5

**「人々が健全な教えに耐えられなくなり」**

テモテが「みことばを宣べ伝えなさい」と命じられたのは、どのような状況だったのでしょうか。人々が「健全な教え」に耳を貸そうとしない状況です。「健全な教え」に耐えられない心は、「耳に心地よい話」を語ってくれる教師たちを、「自分の好みにしたがって自分たちのために」寄せ集めるようになります。

3～4節の中で、あなたが（教会が）注意すべきことは何ですか。

**祈り**「主よ、私を、『健全な教え』を慕い求める者としてください」

**341**

**12月7日** ―― 4・6～8

**「義の栄冠」**

テモテに伝道者としての働きを託したパウロは、自分自身の地上での生涯が終わりに近いことを覚悟していました。パウロは信仰の戦いを最後まで勇敢に戦い抜きました。彼に委ねられた福音の真理を守り通しました。彼は主が「義の栄冠」を与えてくださることを待ち望み、確信していました。

あなたは主から与えられる「義の栄冠」を楽しみにしていますか。

**祈り**「私を、『義の栄冠』を目指して一心に走る者としてください」

**342**

**12月8日** ―― 4・9～13

**「何とかして早く私のところに来てください」**

パウロはテモテに、何とかして早く彼のところに来るように言っています。いくつかその理由が考えられます。パウロは多くの者が彼のもとを去った後で、テモテに来て助けてほしかったのでしょうか。上着と羊皮紙の書物を必要としていたのでしょうか。それとも、死を目前にしたパウロは最後にテモテに会いたかったのでしょうか。

あなたは、どうしてパウロはテモテに早く来てほしかったのだと思いますか。

**祈り**「主よ、私が世を去るとき、愛する人と過ごすことをお許しください」

**343**
## 12月9日 —— 4・14～18
**「その責任を彼らが負わされることがありませんように」**


パウロの最初の弁明の際には、彼を支持する者はだれもいませんでした。みな彼を見捨てました。パウロはそのことを恨んだり、仕返ししようと思ったりしたでしょうか。いいえ。彼らがその責任を負わされないようにと願いました。キリストの福音によって心を変えられた者は、さばく者ではなく赦す者とされたのです。

あなたはだれかを赦すのではなく、さばくことを考えていませんか。

**祈り**「主よ、私を、人をさばく者ではなく赦す者としてください」

**344**
## 12月10日 —— 4・19～22
**「恵みがあなたがたとともにありますように」**


この書を書き終えるに当たって、すなわち私たちに残された彼が書いた最後の手紙を終えるに当たって、パウロは祈りと祝福のことばでしめくくります。主がテモテといつもともにいてくださることを祈り、神の恵みがエペソ教会の兄弟姉妹の間に満ちあふれることを祈りました。パウロが残した最後のことばは、祝福の祈りでした。

あなたは地上の生涯の終わりに、どんなことばを残したいですか。

**祈り**「主よ、あなたの恵みが私たちの教会に満ちあふれますように」

# テトスへの手紙

パウロは紀元六二年から六三年頃、マケドニアからこの手紙を書いたようです。クレタでも偽教師による混乱がありました。町ごとに長老たちを任命し、教会の秩序を回復するために、この手紙を書きました。

**345**

**12月11日** —— 1・1〜2

**「敬虔にふさわしい、真理の知識を得るためで」**

パウロが使徒とされたのは、特権階級になるためでも、支配者になるためでもありません。使徒とは「神のしもべ」であり、「神に選ばれた人々」が「敬虔にふさわしい、真理の知識を得る」という目的のために召された者です。キリストを信じることによって神の民とされ、福音に基づいて正しい歩みをする者が起こされるためです。

神があなたを神の民として召してくださった目的は、何でしょうか。

**祈り**「神よ、私を福音の真理のために生きる者としてください」

**346**

**12月12日** —— 1・3〜4

**「真のわが子テトスへ」**

パウロはテトスのことを「真のわが子」と呼んでいます。テモテに対するのと同じ呼び方です(Ⅰテモテ1・2)。彼はテトスとテモテをともに「真のわが子」と呼んだのです。パウロはだれか一人だけを溺愛したのではなく、「同じ信仰」を持ち、彼が信仰を導き、長年ともに労した者を同じように、しかも特別に愛しました。

あなたは「同じ信仰による、真のわが子」と呼べる人がいますか。

**祈り**「御父よ、あなたに愛された者として、私も信仰の同志を愛する者としてください」

**347**

**12月13日**——1・5～9

**「健全な教えをもって励ましたり」**

テトスがクレタで長老を任命するに当たって、パウロは長老としての資質を挙げます。その最後に挙げられているのが「教えにかなった信頼すべきみことば」をしっかりと守っていることです。それは「健全な教え」で励ましたり、あるいは反対者たちを正したりするためです。教会は「健全な教え」によって建て上げられるのです。

みことばによる励ましや正すことが必要な人が、周りにいますか。

**祈り**「主よ、私をみことばによって励まし正す者としてください」

**348**

**12月14日**——1・10～14

**「恥ずべき利益を得るために」**

クレタの反抗的な者、無益な話をする者、人を惑わす者の口を封じなければなりません。なぜこのような者がクレタにいたのでしょうか。それは彼らが「恥ずべき利益」を得ることを求めていたからです（11節）。彼らが教えたり回心者を起こしたりすることに熱心だったのは、自分のために利益を得るためだったのです。

あなたの心に、信仰のことを通して利益を得ようとする思いがないか、祈りのうちに探ってみましょう。

**祈り**「神よ、私が恥ずべき利益を求めることのないように、お守りください」

**349**

**12月15日**——1・15～16

**「行いでは否定しています」**

ここで言われていることの背後には、ユダヤ教から改宗した人たちの律法主義の影響があったのでしょう。彼らは「神を知っている」と口では言っていても、行いではそれを否定していました。

たとえば、汚れないためにある食べ物を食べないとしても、それは人の教えを守っているだけであって、神に従順なことにはなりません。

あなたの行いの中で、神を悲しませていることがありませんか。

**祈り**「主よ、私がことばでも行いでも、あなたを否定しませんように」

**350**

**12月16日** ―― 2・1〜3

**「信仰と愛と忍耐において健全であるように」**

健全な教えを信じている者には、健全な行いが伴います。そうでないと、口で告白している信仰を、行いで否定することになります（1・16）。年を取っていても若くても、男でも女でも、健全な教えにふさわしい歩み、すなわち「信仰と愛と忍耐において健全である」ことを祈り求めましょう。

信仰と愛と忍耐が増すために、今日からできることを一つ考えてみましょう。

**祈り**「主よ、私に、信仰と愛と忍耐を与えてください」

**351**

**12月17日** ―― 2・4〜6

**「あらゆる点で思慮深くあるように」**

三つのことを学びましょう。第一に、「健全な教え」によって養われた女性は、若い女性たちを教える者になります。第二に、結婚している若い女性は、妻であり母であることを尊ぶことです。第三に、その理由は、神のことばが悪く言われないためです。私たちは男性でも女性でも、これらのことを今の時代に適用する必要があります。

あなたはこの三つのことの中で、特に何を学ぶ必要がありますか。

**祈り**「主よ、私を思慮深い夫、妻、父、母としてください」

## 352 12月18日 —— 2・7〜10

「**神の教えを飾るようになるためです**」

奴隷の中には口答えをしたり、主人の物を盗んだりする者がいたようです。しかし主を信じる奴隷は、主人に対してあらゆる点で忠実でなければなりません。良い行いによって「神の教えを飾るようになる」ためです。救われた者は、良い行いによって、生まれ変わったことを証しします。良い行いは神の教えを美しく飾ります。

「神の教えを飾る」という点から、あなたの行いと生活を考えてみましょう。

**祈り**「主よ、私に良い行いを与え、忠実に行わせてください」

## 353 12月19日 —— 2・11〜13

「**祝福に満ちた望み**」

私たちが不敬虔とこの世の欲を捨て、慎み深く敬虔に生活する原動力は、「祝福に満ちた望み」にあります。私たちの主であるキリストが、栄光とともに再び地上に来られることが、私たちの希望です。主がいつ来てもいいように、私たちは「慎み深く、正しく、敬虔に」日々を過ごすことを求めましょう。

12〜13節で、あなたが特に学ぶ必要があることは何ですか。

**祈り**「主よ、あなたが栄光のうちに再臨することを待ち望みます」

## 354 12月20日 —— 2・14〜15

「**良いわざに熱心な選びの民を**」

パウロはここまで、「良いわざ」に励むべきことについて書いてきました。「良いわざ」とは、人が見ているからとか、行わないとだれかに叱られるというレベルの問題ではありません。キリストの思いとみわざによるものです。キリストは

「良いわざに熱心な選びの民をご自分のものとしてきよめるため」に、ご自分を献げたのです。

教会の働きの中で、あなたの負担になっているものはありますか。

**祈り**「主よ、私を、あなたの御手から良いわざを受け、行う者としてください」

**355**

**12月21日**——3・1〜2

**「だれも中傷せず、争わず、柔和で」**


クリスチャンは、教会の中だけでなく、教会外の人たちに対しても「すべての良いわざを進んでする者」とならなければなりません。それは外部の人々からの良い評判を得るためだけではなく、証しのためにも必要なことです。主が御霊の力によって、私たちを柔和で礼儀正しい者としてくださるように、祈り求めましょう。

私たちの教会は、近所の人たちにどう評価されているでしょうか。

**祈り**「主よ、私たちに柔和で優しい態度を与えてください」

**356**

**12月22日**——3・3〜5

**「聖霊による再生と刷新の洗い」**


私たちが罪と悪から救われたのは、私たちが行った義のわざによってではなく、神のあわれみによります。神はご自分のあわれみを、キリストのご人格とみわざによって現してくださいました。そして、聖霊が私たちを新しく生まれ変わらせてくださったのです。

自分が聖霊によって新しくされた者であることを黙想しましょう。

**祈り**「父よ、私を、聖霊によって再生した者として生かしてください」

## 357

### 12月23日——3・6〜8

**「神はこの聖霊を……キリストによって」**

ここに私たちの救いと信仰生活が、三位一体の神によるみわざであることが書かれています。神は、キリストによって、私たちに聖霊を豊かに注いでくださいました。私たちの救いも信仰の歩みも、豊かに注がれた聖霊によるものです（ガラテヤ5・16）。私たちが行う良いわざも、内住の御霊が結んでくださる実です。

聖霊が豊かに注がれているということをあなたはどう思いますか。

**祈り**「主よ、豊かに注がれた聖霊によって、私を生かしてください」

## 358

### 12月24日——3・9〜11

**「分派を作る者は」**

パウロは分派を作る者に対しては、まず一、二度訓戒し、それでも悔い改めない場合には除名するようにと、断固とした態度を命じています。分派を起こそうとして分派を起こす人は、一人もいません。「自分こそ正しいことを行っている」と思っている人が、自分でも知らないうちに分派を起こしてしまうものです。

私たちはどうしたら、分派が起こることを避けられるでしょうか。

**祈り**「神よ、私たちから分派が起こらないようにお守りください」

## 359

### 12月25日——3・12〜15

**「信仰の友」**（新改訳第三版）

テトスへの手紙をしめくくるに当たって、パウロは何人かの「信仰の友」、同労者の名前を挙げます。パウロの宣教の働きは、決して彼一人のわざではなく、多くの信仰の友との協力によって行われました。父、子、聖霊なる神ご自身が協力と一致をしてみわざをなすように、私たちも協力と一致をもって神のわざにあずかるのです。

教会で、私たちはどんなことで協力と一致をする必要がありますか。

**祈り**「主よ、私たちが協力と一致をもってみわざにあずかれますように」

## ピレモンへの手紙

パウロはテモテとともに、紀元六〇年から六一年頃、ローマの獄中からこの手紙を書いたようです。コロサイでピレモンの奴隷であったオネシモは、おそらく主人ピレモンの物を盗んで逃走したのでしょう。パウロの下でキリストを信じたオネシモを送り返すに際して、キリストにあって彼を赦すようにと書き送りました。

**360**

### 12月26日 ―― 1〜3節

**「あなたの家にある教会へ」**


ピレモンはコロサイのクリスチャンで、パウロの働きによってキリストを信じました（19節）。ピレモンの家は教会として用いられていました。当時のクリスチャンは今の教会のような建物を持たず、だれかの家（家々）に集まっていました。このように、教会は家庭によって建て上げられ、家庭は教会によって強められるのです。

あなたの家庭は教会のためにどのように用いることができますか。

**祈り**「主よ、私の家庭を、あなたの働きのために用いてください」

## 361 12月27日 —— 4～7節

**「あなたの信仰の交わりが生き生きとしたものとなりますように」**

6節には「交わり」について大切なことが書かれています。交わりとは、単にクリスチャン同士が楽しく過ごすことではありません。互いの喜び、悲しみ、苦しみ、祝福、必要を分かち合うことです。私たちは主にある交わりによって、喜びや慰め、安心を得ます（7節）。

私たちは、交わりについてどんなことを学ぶ必要がありますか。

**祈り**「主よ、私たちを、真のクリスチャンの交わりに生かしてください」

## 362 12月28日 —— 8～12節

**「むしろ愛のゆえに」**

私たちは日頃、義務、義理、責任によって動いています。しかし私たちクリスチャンは、愛によって動かされる者です。私たちはキリストの愛を受けた者として、愛によって判断し、行動する者とされました。キリストに愛されている者として、御霊の助けによって、愛する者となることを祈り求めましょう。

愛によって行動することを妨げるものがないか探ってみましょう。

**祈り**「父よ、あなたの愛を受けた者として私を生かしてください」

## 363 12月29日 —— 13～16節

**「もはや奴隷としてではなく」**

オネシモはピレモンの奴隷でしたが、主人ピレモンの金品を盗んで逃亡していたようです。そのオネシモがパウロの下でキリストを信じました。パウロはこの手紙とともに、ピレモンのもとにオネシモを送り返しました。ピレモンとオネシモは、もはや主人と奴隷であるだけではなく、キリストにある兄弟同士となったのです。
あなたがキリストを信じることによって変えられた（変えられなければならない）人間関係は、何ですか。

**祈り**「キリストにある者として、私に新しい人間関係を結ばせてください」

**364**

**12月30日 ―― 17～20節**

**「あなた自身のことで私にもっと負債があることとは」**

パウロは、オネシモによる損害は私が請け負うから、ピレモンに彼を赦し、兄弟として迎えるようにと訴えます。その際、ピレモン自身が今のようになれたのは、パウロのおかげであったということを暗示します。これは圧力をかけているのではなく、恵みを受けた者として、恵みを与える生き方をするようにと訴えているのです。

恵みを受けたのに、恵みを与えない者となっていないか、吟味しましょう。

**祈り**「主よ、私を、恵みを受けた者として、恵みを与える者としてください」

**365**

**12月31日 ―― 21～25節**

**「主イエス・キリストの恵みが」**

パウロがピレモンに対して語ったこと、オネシモを赦し兄弟として迎え入れることは、生易しいことではありません。私たちの生まれながらの性質では実行不可能です。主キリストの恵みだけが、私たちに悪を働いた者を心から赦し、和解することを可能にします。ことばだけではなく、キリストの恵みが私たちを心の底から新しく造り変えてくださることを期待し、祈り求めましょう。

キリストの恵みが豊かに注がれていることを、黙想しましょう。

**祈り**「父よ、あなたが私たちに豊かに与えてくださった恵みによって、私たちを新しく造り変え、キリストに似た者としてください。主の御名によって、アーメン」

# おもな参考文献

毎日の黙想と祈りを書く上で、いろいろな参考文献から多くの情報と洞察を得ました。特に親しい伴走者であり、相談相手であったものを紹介します。

**ローマ人への手紙**　James R. Edwards, *Romans*, NIBC (Peabody, Massachusetts: Hendrickson, 1995). Douglas J. Moo, *The Epistle to the Romans*, NIC (Grand Rapids, Michigan: Eerdmans, 1996).

**エペソ人への手紙**　Walter L. Liefeld, *Ephesians*, IVPNTC (Downers Grove, Illinois: IVP, 1997).

**ピリピ人への手紙**　Howard Marshall, *The Epistle to the Philippians* (London: Upworth, 1991)

**テモテへの手紙 第一、テモテへの手紙 第二、テトスへの手紙**　Gordon D. Fee, *1 and 2 Timothy*, Titus, NIBC (Peabody, Massachusetts: Hendrickson, 1988).

**ピレモンへの手紙**　N. T. Wright, *The Epistles of Paul to the Colossians and to Philemon*, TNTC (Grand Rapids, Michigan: Eerdmans, 1986).

各手紙の成立事情については、Gordon D. Fee and Douglas Stuart, *How to Read the Bible Book by Book: A Guided Tour* (Grand Rapids, Michigan: Zondervan, 2002).

# あとがき

昨年、『マタイの福音書　３６５の黙想と祈り』を出版した後で、「次はパウロ書簡の黙想と祈りを出してください」という反響をいただきました。その道が開かれたことに、感謝の思いでいっぱいです。この書も中之条キリスト集会でのディボーションの実践から生まれたものです。中高生からお年寄りまで、みことばを通して養われたり、主に問われたり、励まされたりしました。

新型コロナウイルス感染症の影響で、教会出席も思いどおりにできない中、ディボーションの持つ意味はますます大きくなっていると思います。たとえ直接会って交わりが持てなくても、今日、この書をきっかけにして、同じ聖書箇所を読んでいる人がいます。やがて教会で直接会って分かち合える日を待ち望みながら。

素敵な表紙は長尾優さんに手掛けていただきました。候補案の中から妻と一緒に選びました。

二〇二一年九月二十二日　　母九十歳の誕生日の晩に

篠原　明

著　者
篠原　明（しのはら・あきら）

1964年生まれ。中之条キリスト集会牧会者（群馬県）。英語教師。早稲田大学、東京学芸大学大学院、リージェント・カレッジ（カナダ）トリニティ国際大学（神学校、米国）で学ぶ。三位一体論と父性の研究で哲学博士（教育学）。
著書：『「霊性の神学」とは何か――福音主義の霊性を求める対話』（あめんどう）、『マタイの福音書 365の黙想と祈り』（いのちのことば社）。
訳書：ユージン・H・ピーターソン『若者は朝露のように――思春期の子どもとともに成長する』、J・I・パッカー『聖書教理がわかる94章――キリスト教神学入門』（両者ともいのちのことば社）。



パウロの手紙 365の黙想と祈り　1

2021年11月1日発行

著　者　篠原　明
印刷製本　日本ハイコム株式会社
発　行　いのちのことば社
〒164-0001 東京都中野区中野2-1-5
電話 03-5341-6923（編集）
03-5341-6920（営業）
FAX 03-5341-6921
e-mail:support@wlpm.or.jp
http://www.wlpm.or.jp/
新刊情報はこちら


ISBN978-4-264-04320-1